SEU TREINADOR PESSOAL

MARCIO LUI

SEU TREINADOR PESSOAL

MARCIO LUI

LEVE O **PERSONAL TRAINER** DOS FAMOSOS PARA A SUA CASA

Planeta

Preparação: Ana Clemente
Revisão: Bete Abreu
Diagramação: Desenho Editorial
Capa: Desenho Editorial
Fotos de capa e miolo: Alisson Ricardo e Daniel Carvalho
Fotos feitas na Academia Central Park Jardins-SP
Colaboraram com o conteúdo desta obra:
Educador Físico Luiz Henrique Tinoco Goes Sauto - CREF: 042763G/SP
Nutricionista Fernanda Souza de Oliveira - CRN: 322971

CIP-BRASIL. CATALOGAÇÃO NA FONTE
SINDICATO NACIONAL DOS EDITORES DE LIVROS, RJ

L977s
Lui, Marcio
Seu treinador pessoal: leve o personal trainer dos famosos para a sua casa / Marcio Lui. – 1. ed. – São Paulo: Planeta, 2015.

ISBN 978-85-422-0596-1
1. Exercícios físicos. 2. Preparadores físicos pessoais – Orientação profissional. I. Título.

15-26544 CDD: 613.71
CDU: 613.71

2015
Todos os direitos desta edição reservados à
EDITORA PLANETA DO BRASIL LTDA.
Rua Padre João Manoel, 100 - 21º andar
Edifício Horsa II - Cerqueira César
01411-000 – São Paulo – SP
www.planetadelivros.com.br
atendimento@editoraplaneta.com.br

Agradeço, em primeiro lugar, à minha família pelo apoio incondicional. Aos meus amigos e alunos, próximos e distantes, que fizeram parte da minha jornada.

Em especial, ao Luiz e à minha irmã Fernanda, pela colaboração e apoio no desenvolvimento deste projeto, além de minhas queridas alunas e amigas Sabrina Sato, Adriane Galisteu e Hortência. Elas sempre fazem os meus dias mais felizes.

Por fim, a todos os seguidores, leitores e colegas que me seguem nas redes sociais. Sem vocês nada disso seria possível.

SU MÁ RIO

PREFÁCIO

Por Hortência

Eu sempre fui muito observadora. Treino de maneira séria e não gosto de perder tempo. No dia em que cheguei à academia que treino, o Márcio me chamou a atenção. Sua dedicação e sua atenção são impressionantes e contagiam as pessoas.

Quando você faz musculação, treina e se exercita, a repetição é inevitável e ficar entediado é um caminho comum. Eu, nos tempos de atleta, sempre precisei repetir alguns exercícios até a exaustão extrema. Essa é a nossa vida. Amamos o que fazemos, vivemos assim, mas mesmo acostumados, o tédio tende a nos acompanhar. A perseverança está em conseguir transformar esse tédio em motivação. Aí mora o sucesso do verdadeiro atleta.

O maior diferencial do Márcio é ser capaz de nos fazer vencer esse tédio. Com um rodízio inteligente de exercícios, ele aplica aquilo que há de mais moderno e avançado para suprir as necessidades de cada um de seus alunos.

Com o passar do tempo viramos amigos e a nossa relação só melhorou. Principalmente porque ele sabe diferenciar momentos sérios e momentos descontraídos. Com a experiência que teve como militar, desenvolveu uma disciplina essencial para as rotinas de treinamento e isso está presente todos os dias no seu trabalho. "Agora acabou a brincadeira. Vamos treinar", ele diz. Quando ouço isso, fico preparada: a coisa realmente vai ficar séria!

Ninguém quer perder tempo. Ninguém pode, na verdade. Já que eu me prontifiquei a fazer uma coisa, quero aproveitar ao máximo. Quero extrair o melhor possível de cada minuto do meu exercício. E o Marcio é capaz de me ajudar a fazer isso. Se você quer treinar sério e se dedicar, ainda que seja como uma atividade recreativa, sem intenções competitivas, aproveite o tempo, a atividade. Estude, procure entender um pouco daquilo.

Portanto, espero que, assim como eu, você vença os seus desafios, passe por cima do tédio e transforme-o em motivação. Saiba que a diversão é importante, ninguém é um robô, mas precisamos de disciplina para alcançar os objetivos. Aproveite ao máximo a experiência, a capacidade, o amor e as ótimas ideias que o Márcio aplicou neste livro e deixe o sedentarismo de lado de uma vez por todas. Inicie uma atividade física hoje mesmo. Sua vida vai mudar, em todos os sentidos, e você não vai parar nunca mais.

IN TRO DU ÇÃO

Ser personal das estrelas parece uma posição interessante (e de fato é). Ser responsável pelos "tanquinhos" mais famosos do país parece algo fácil, divertido, mas nem tudo é tão simples assim. Foi preciso muito suor, motivação e persistência. E, principalmente, confiança.

Iniciei minha carreira com apenas um diploma – me formei em Educação Física na Universidade Santa Cecília, em Santos – e um sonho. Antes, tinha servido à Marinha. A experiência me ajudou a impor um ritmo militar aos meus alunos. O que se mantém até hoje. Por um tempo, ainda trabalhei como professor assistente de natação, mas queria mais.

Quando cheguei a São Paulo, vi muitas oportunidades e encontrei muitas dificuldades também. Não sabia exatamente em que apostar, embora tivesse certeza de que precisava fazer alguma coisa. Decidi trabalhar para mim mesmo. Abri uma consultoria, uma microempresa para prestar serviço a outras empresas: ginástica laboral era meu negócio. Consegui grandes clientes, empresas importantes. Era responsável pela boa postura e por evitar lesões por esforço repetitivo dos funcionários.

Algum tempo depois, em tempo de crise e de vacas magras, a primeira coisa a ser cortada foi a atividade física. Esse tipo de corte acontece com todo mundo, e com as empresas para as quais eu prestava serviço não foi diferente. Perdi espaço e precisei fechar a minha empresa. Aquilo foi uma espécie de lesão na minha carreira, uma ruptura. Eu sabia que iria me reerguer, só não sabia como.

Aceitei, na emergência, o cargo de gerente em uma academia que funcionava 24 horas. Lá, encontrei algumas pessoas responsáveis pelo trabalho nas empresas em que havia prestado serviço. Foi um tempo bom. O auge de minha carreira estava próximo.

Por meio de um contato em comum, conheci Sabrina Sato. A empatia foi automática. Ela estava à procura de um *personal trainer*, e eu aceitei o desafio na hora. Foi um divisor de águas na minha carreira. A partir dali surgia o personal das celebridades. Procurei me desenvolver e fiz mais dois cursos.

Sei que às vezes parece ser um mar de rosas, mas a pressão é enorme para obter bons resultados. Em minha carteira de alunos há nomes como Adriane Galisteu, Sabrina Sato e Alessandra Ambrósio, e, por causa deles, minha responsabilidade e meu compromisso com o que faço aumentam.

Contei tudo isso por um único motivo: gostaria que você iniciasse a sua jornada contra o sedentarismo. Para tanto, você terá, ao seu lado, o personal das famosas em formato de livro.

A partir da leitura, quero que você se motive, mexa-se, melhore de vida. A atividade física mudou a minha história, fez a carreira de muitos de meus alunos deslanchar, e pode alterar o seu cotidiano também. A trajetória de cada um só tem algum sentido se imprimirmos mudanças no nosso dia a dia. E isso começa agora!

CAPÍTULO 1

ESTÍ
MULO
É
TUDO

Pessoas já mudaram de vida a partir da atividade física. Quem já não ouviu depoimentos significativos sobre isso? Pode ter sido um emagrecimento surpreendente, uma adaptação postural, ou até a cura de alguma doença por meio dos exercícios (sim, é possível e falaremos mais nos próximos capítulos). Mas há quem pense: isso não é para mim. Não sou capaz. Sim, você é!

Este livro é uma apresentação para que você conheça as principais técnicas, da mais moderada até a mais avançada, da mais clássica até a mais moderna. Quero que você fique por dentro, mergulhe no mundo da atividade física. E quero mostrar a importância dela para melhorar sua vida física e mental.

É importante dizer que nenhum material, nem mesmo um livro, será capaz de substituir o profissional especializado. Por isso, antes de tomar qualquer atitude, procure profissionais gabaritados para você começar com o pé direito nessa jornada.

Quero que você se motive! Esse é o combustível para o seu exercício. Nas páginas deste livro, principalmente no final de cada capítulo, fiz questão de deixar uma mensagem para você. Uma motivação. Faço isso diariamente em minhas redes sociais e quero que o livro também tenha essa função. Vamos chamar esse trecho de #teamlui. A cada capítulo, lembre-se de que tudo em sua vida, inclusive as mudanças que você deseja, só dependem de você mesmo.

Não estranhe se eu pegar pesado em alguns momentos. Esse é o meu jeito, e você irá se adaptar. Saiba que por trás do estilo militar existe um profissional preocupado com o seu desenvolvimento e o seu bem-estar.

TEAMLUI

Café fresco para acordar, bom humor para levantar da cama e muita vontade de se superar. Quem faz o dia ser útil é você!

O RUIM DO SEDENTARISMO

O BOM DOS EXERCÍCIOS

CAPÍTULO 2

Com o crescimento acentuado dos recursos tecnológicos, ou seja, com a presença de mecanismos que facilitam as tarefas executadas por todos nós, uma redução das atividades físicas diárias tem sido um efeito colateral indigesto. As pessoas passam a adotar um estilo de vida sedentário, que está fortemente vinculado ao surgimento das doenças consideradas crônico-degenerativas, consideradas um fator de risco de prevalência no Brasil, entre elas diabetes, hipertensão e cardiopatia. Para romper com o círculo vicioso, é fundamental que nos movimentemos mais. A prática regular de atividade física, que é caracterizada por qualquer movimento corporal produzido pelos músculos esqueléticos que resulte em gasto energético acima dos níveis de repouso ou por meio de exercícios físicos planejados, estruturados, repetitivos, é considerada o elemento fundamental em programas voltados para a promoção da saúde.

Exercícios feitos com regularidade evitam picos de ansiedade ou depressão, diminuem os riscos de doenças cardíacas e ainda ajudam a manter a pressão arterial e o peso em dia.

Como a atividade física regular pode melhorar a saúde e reduzir os riscos de morte prematura? Quando diminui a probabilidade de:

- desenvolver doença cardíaca coronária e de morte em consequência dela;
- haver risco de infarto;
- ocorrer um segundo ataque cardíaco em quem já passou por um episódio;
- desenvolver pressão alta e diabetes tipo 2 (não dependente de insulina);
- ter câncer de cólon;
- sofrer de depressão e ansiedade.

Um programa contínuo de exercícios também ajuda a:

- diminuir o colesterol total e os triglicérides;
- elevar o bom colesterol, o chamado HDL;
- reduzir a pressão arterial em quem já sofre de hipertensão;
- manter o peso ideal;
- promover o bem-estar psicológico e reduzir o estresse;
- contribuir para articulações, músculos e ossos saudáveis.

TEAMLUI

Exercícios não mudam apenas o seu corpo. Mudam sua mente, suas atitudes e seu humor.

CAPÍTULO 3

COMER BEM E SE EXERCITAR

Estudos apontam o sobrepeso e a obesidade como as principais causas de morte em todo mundo. Sedentarismo e distúrbios alimentares são fatores que predispõem à obesidade e são responsáveis também por ocasionar dores lombares, dificuldade de locomoção, além de outras consequências para o corpo e a mente. Podem ocasionar, ainda, problemas sociais (como o isolamento), comportamentais (como sofrer bullying) e econômicos (como faltas no trabalho ou na escola em decorrência de algum problema de saúde), que têm impacto direto sobre a performance desses indivíduos.

Obesidade é uma condição na qual a quantidade de gordura corporal encontra-se acima dos níveis desejados, resultado da combinação de suscetibilidade genética e fatores ambientais. A base para o tratamento vem de dietas hipocalóricas, quando o indivíduo consome uma quantidade de calorias inferior ao que gasta, associada à inclusão de atividade física, que proporciona um déficit calórico.

Apesar de a alimentação ser mais importante do que o exercício para a substancial perda de peso, a atividade física desempenha um papel fundamental para as adaptações metabólicas, o incremento da massa magra, a atenuação dos fatores de riscos cardiovasculares e a manutenção do peso.

A principal motivação para exercer algum tipo de atividade física ainda é a melhora da estética corporal, o que significa obter um corpo com baixo percentual de gordura e ganhar músculos aparentes, buscando um perfil que atenda ao estereótipo de beleza de cada um.

É importante lembrar, porém, que, além de aprimorar aspectos estéticos, exercitar o corpo contribui para o desenvolvimento de capacidades como força, flexibilidade e resistência. Tudo isso acarreta ganho no desempenho de atividades diárias, como se movimentar com mais qualidade e por mais tempo. A atividade física, como todo mundo sabe, nos remete a um cotidiano mais saudável. E, ainda, eleva a autoestima quando é incorporada à nossa rotina.

TEAMLUI

Recuar não é uma opção. Corra atrás da sua meta.

DEFINA O QUE VOCÊ QUER

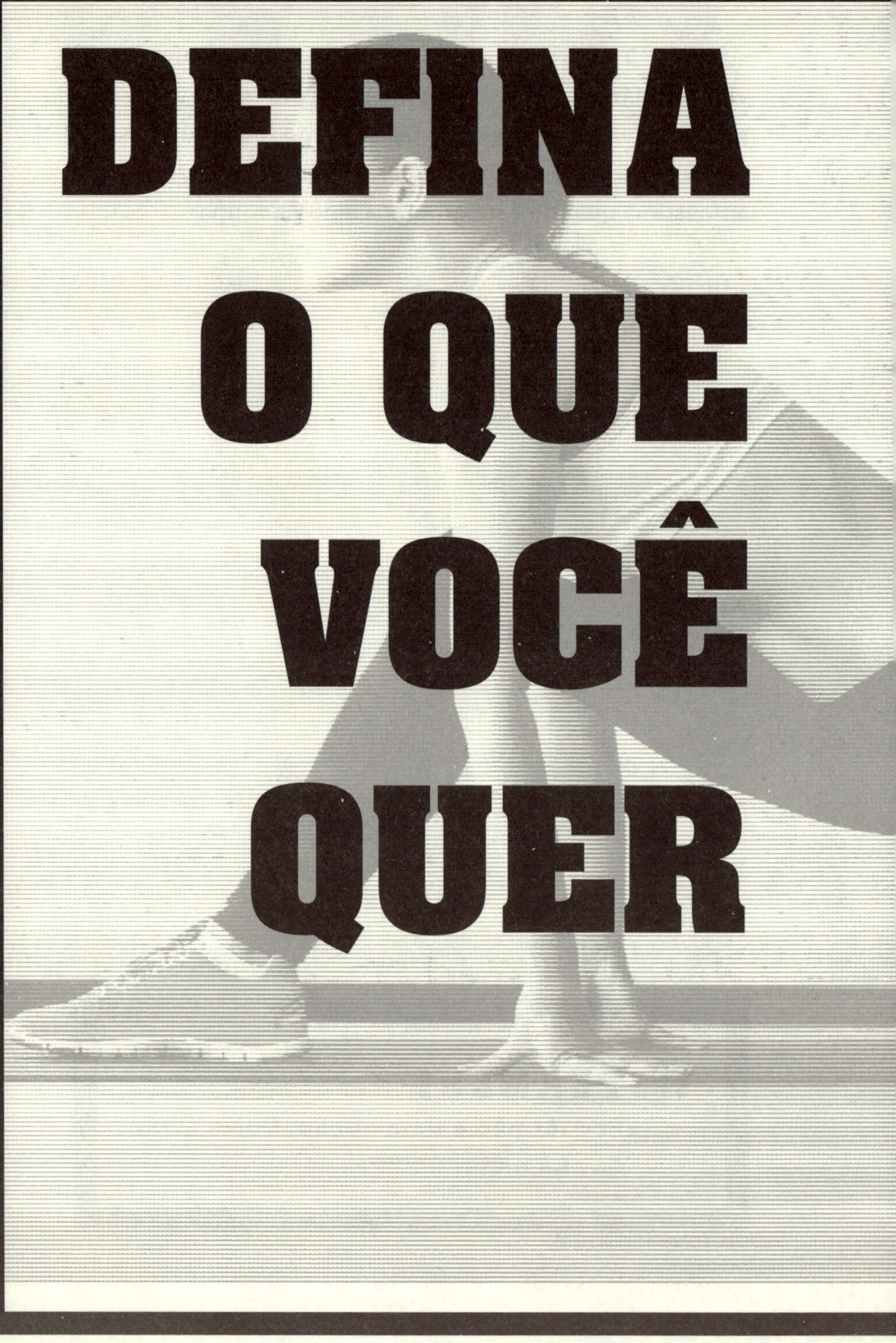

CAPÍTULO 4

OU CONSEGUE FAZER

Ao praticar exercícios, sua meta não deve ser encontrar amigos, arrumar uma nova paquera, ou ter mais seguidores em suas páginas nas redes sociais. Você deve treinar, provavelmente, para sentir-se bem e ter boa aparência, e obter o maior resultado possível a partir do seu esforço.

Em geral, os exercícios não trazem nenhuma novidade, não são nem mesmo sofisticados, mas provavelmente você nunca se dedicou a eles do jeito que deveria. Também não há nada de revolucionário nem de complicado na hora de pôr alimentos à mesa e comer corretamente, mas a maioria das pessoas come do jeito errado. Por isso, a primeira motivação deve ser atingir as suas metas e não desistir, independentemente do que pode acontecer.

É muito comum praticantes recentes de atividades físicas abandonarem o novo estilo de vida em um curto espaço de tempo, principalmente pelas respostas crônicas que elas dão. São vários os motivos considerados pelos indivíduos como empecilhos, que acabam afastando-os ou impedindo o início ou a continuação das atividades. Entre eles estão a preguiça e a falta de tempo. Cerca de 50% dos indivíduos que dão início à pratica de atividade física abandonam os exercícios depois de seis meses. A estimativa ainda é pior nos casos em que os tratamentos dependem de mudanças nos hábitos de vida.

O grande desafio é manter os indivíduos ativos fisicamente de maneira regular. Apesar de existir uma gama de apelos apontando para os benefícios da prática regular de atividade física para a saúde, essas informações ainda são incapazes de garantir adesão ao hábito. Portanto, estabeleça metas a serem cumpridas em curto prazo. E metas exequíveis. Desse modo, os resultados serão atingidos sem afetar as expectativas, e dificilmente a atividade será abandonada. Não se concentre apenas no objetivo final.

Primeiro passo: estipule uma meta que você possa cumprir sem muito esforço e em curto prazo. Nada de fazer loucuras para ter o corpo perfeito em pouco tempo.

Como os resultados dependem da prática sistemática, ou seja, demoram um tanto a surgir, muitos neoadeptos da atividade física acabam se desmotivando e desistindo. É fundamental que o praticante selecione uma atividade que seja prazerosa, motivadora e que, sobretudo, seja pertinente às suas características físicas e necessidades. Desse modo, dificilmente você perderá o foco. Ressalto que os resultados são de origem multifatorial: não dependem única e exclusivamente da prática regular de atividade física, mas também de boa alimentação e recuperação adequada.

Antes de se deslocar até o local em que irá praticar a atividade, reflita sobre o motivo pelo qual está se exercitando, pois precisará se esforçar para colher os resultados. E se esforçar não significa reservar um tempo do seu dia, trocar a roupa de trabalho, enfrentar o trânsito, realizar a atividade com uma quantidade de peso e duração exorbitantes, mas fazer da academia, ou do parque, uma rotina, segundo a periodização estruturada pelo educador físico. Paralelo a isso, você deve se alimentar bem, evitando excessos e calorias vazias, e descansar apropriadamente, abstendo-se sempre que possível de varar a noite em bares ou boates.

Um novo estilo de vida depende, claro, de novas intenções. Mas intenção sem ação não provoca mudança. Trace um plano que contenha gostos e prazos. Ele pode ser a garantia de mais satisfação.

Fazer promessa para emagrecer, parar de fumar, entrar na faculdade, ter mais tempo para o lazer, participar de trabalho voluntário, mudar de emprego ou controlar o estresse estão na lista, junto com iniciar uma atividade física, de itens difíceis de realizar. De nada valem se o que existir for somente o desejo. Intenção sem ação não provoca mudança. Um bom planejamento pode ser a garantia de metas executadas e muita satisfação.

Algumas dicas podem ajudar na organização e na execução de planos para entrar em um novo ritmo de vida:

1. **Defina o que pretende fazer**: determine uma meta que seja nova, desafiadora e realizável. Exemplo: emagrecer 10 kg.

2. **Estabeleça um plano de ação**: identifique todas as atividades e fases para alcançar seu objetivo e liste-as. Comece com pequenas ações. Defina a periodicidade da ação e reorganize seus horários e sua rotina para a inclusão dela. Exemplo: começar a caminhar diariamente por 20 minutos e aumentar gradualmente até uma hora. Ou emagrecer 2 kg por mês – para isso, leve em conta quais mudanças nos hábitos alimentares devem ser iniciadas desde a compra no supermercado e os lugares (bares, restaurantes) que você costuma frequentar. Lembre-se: as escolhas determinam as consequências.

3. **Estipule prazos**: determine uma data para pôr em prática seus planos, considerando que já esteja inserido

em uma rotina palpável. Comece a agir e não demore em seguir os passos estabelecidos. É importante aproveitar o momento em que se sente motivado, evitando situações que possam atrapalhar suas metas. Há quem adie mudanças ao apoiar-se em desculpas, e assim acabam se autossabotando. Exemplo: uma dieta pode ter início em qualquer dia da semana e em qualquer refeição, não só às segundas-feiras.

4. **Faça avaliações periódicas**: determine um tempo de execução para cada meta estabelecida e uma data para reavaliá-la. É importante uma avaliação periódica a fim de verificar se o planejamento está sendo eficaz e se os resultados até aquele momento são satisfatórios. Cumprir metas dentro de prazos estimados é essencial para não perder o foco. Exemplo: faça mudanças em seus hábitos alimentares e incorpore-as definitivamente à sua alimentação. Observe a sensação de bem-estar proporcionada pela realização do exercício físico e a influência benéfica no humor e no sono.

5. **Identifique possíveis falhas**: é primordial detectar falhas para que ajustes sejam feitos, ou para que se estabeleçam outras maneiras de alcançar aquilo que se deseja. Nem sempre o que parece um bom planejamento na teoria é possível de ser aplicado na prática. Algumas alterações são fundamentais para evitar o risco do fracasso – e com ele a frustração e a desistência. Exemplo: alguns alimentos não são consumidos por resistência ou por preconceito alimentar, sem que

ao menos sejam experimentados. Amplie suas opções, estando aberto a novos sabores e texturas. Se o ambiente de uma academia gera desconforto e leva você a não frequentar as aulas, pense em atividades ao ar livre em que poderá se sentir mais à vontade.

É sempre tempo de colocar em prática um novo projeto de vida, seja ele relacionado à saúde ou à área profissional. Porém, você deve considerar todas as condições que favoreçam ou atrapalhem a sua execução. Identificar necessidades pessoais e preferências, adequar os desejos à rotina, às expectativas e ao estímulo das pessoas com quem se convive são fatores determinantes para o sucesso ou o fracasso da meta. Em toda mudança existem obstáculos, dificuldades e "escorregões", mas é possível enfrentá-los. Melhor ainda: corrigir os erros e não repeti-los, persistindo naquilo que reconhecidamente lhe fará bem.

Agora faça o seu plano

Meta (defina o que pretende fazer)	Atividade (estabeleça um plano de ação)	Tempo (estipule prazos)

TEAMLUI

A comida é a droga mais utilizada contra a ansiedade. O exercício é o remédio menos usado contra a depressão.

NUTRIÇÃO:

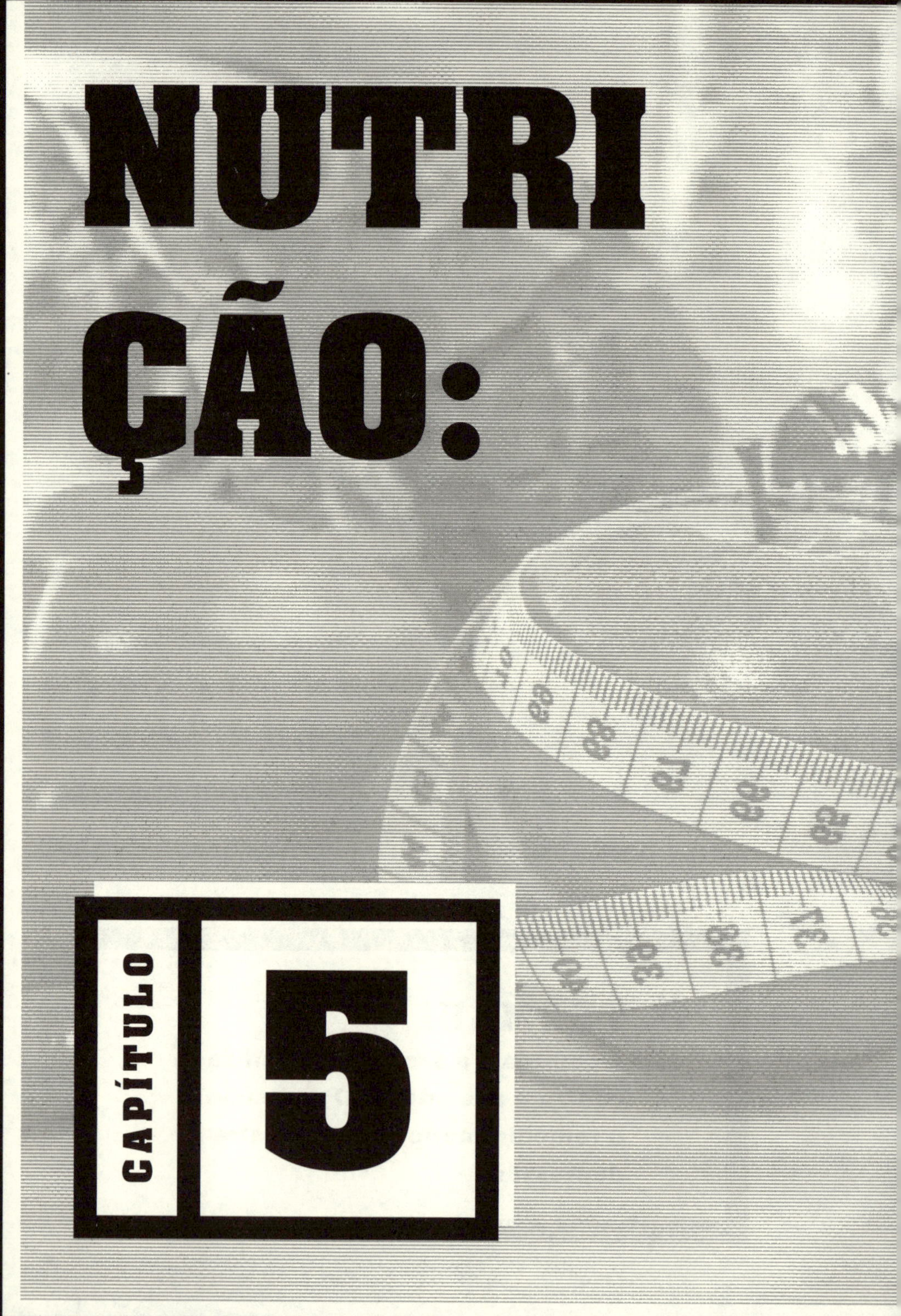

CAPÍTULO 5

O QUE É PRECISO SABER

Para uma vida saudável, é necessário aliar exercício físico à dieta balanceada, com alimentos de todos os grupos e em quantidades adequadas. A alimentação desempenha um papel importante na atividade física porque prepara o organismo para o esforço e fornece os nutrientes necessários que variam de acordo com o tipo de exercício e o objetivo que se pretende alcançar, como perda ou ganho de massa muscular.

O problema é que a maioria das pessoas não tem conhecimento básico sobre o assunto e isso faz com que mitos tomem forma e se transformem em verdade nas academias, nas conversas de bar e na internet. Não se deixe enganar. Montei, aqui, um guia rápido para que você possa se inteirar sobre alguns termos básicos relacionados à nutrição.

Metabolismo

Refere-se a uma série de processos em que as moléculas dos alimentos são decompostas para liberar energia. Na sequência, essa energia é utilizada como combustível pelas células e também para criar moléculas complexas que entrarão na formação de novas células. O metabolismo é necessário à vida e é como o corpo cria e mantém as células que o constituem. Quando o corpo sente fome, o metabolismo desacelera e menos energia é liberada. Quanto mais tempo a pessoa espera entre uma refeição e a próxima, mais lento é o seu metabolismo.

Enzima

É uma substância produzida por alguns órgãos e uma das responsáveis por reações químicas específicas. Um bom exemplo são as enzimas digestivas, que ajudam a decompor os alimentos.

Caloria

É a unidade de medida de energia que pode ser produzida por um alimento. Uma caloria é a energia suficiente para aumentar em 1 °C a temperatura de 1 litro de água. Assim, quando você falar de calorias de um alimento, está se referindo ao potencial de energia contido nele. As calorias consumidas em excesso podem ser armazenadas como gordura.

Carboidrato

É um macronutriente cuja principal função é a produção de energia. O carboidrato é encontrado em massas, pães, frutas, cereais.

É classificado de acordo com sua estrutura: simples ou complexa; o que o difere é a velocidade com a qual é absorvido. Os simples são rapidamente absorvidos pelo organismo, enquanto os complexos precisam ser quebrados antes de fornecer energia e, portanto, têm absorção lenta.

A ingestão de carboidratos é fundamental para a atividade física: antes dos exercícios para aumentar o estoque de nutrientes, durante para dar energia no treino e depois para a boa recuperação do organismo pós-treinamento.

Você deve escolher uma fonte de carboidrato com adequado índice glicêmico. O índice glicêmico (IG) está relacionado com o nível de açúcar no sangue. Sempre que ingerimos carboidratos, eles entram na corrente sanguínea em diferentes velocidades. É possível, então, a partir disso classificá-los em baixo índice glicêmico (menor que 60), índice glicêmico moderado (entre 60 a 85) e alto índice glicêmico (maior que 85; alimentos que contêm esse valor devem ser consumidos com moderação).

IG baixo (menor que 60)	**IG moderado (entre 60 e 85)**	**IG alto (maior que 85)**
Ervilha	Aveia	Batata
Grão-de-bico	Arroz	
Iogurte com açúcar	Batata-doce	Bolo
Iogurte com adoçante	Banana	
Lentilha	Chocolate	
Maçã	Kiwi	Biscoito *cream cracker*
Pera	Laranja	
Sopa de tomate	Cenoura	Pão branco
Ameixa	Macarrão	
Melão	Manga	
Damasco	Uva	Mandioca

Leite	Morango	Milho
Brócolis	Pêssego	Farinha integral
Couve-flor	Inhame	Mel
Repolho	Abóbora	Fubá
Couve	Beterraba	Cereal matinal
Alface	Melancia	
Feijão		

Fonte: FAO/OMS – 1998.

Uma refeição antes do treino deve conter carboidratos de baixo a moderado índice glicêmico. O consumo de um macronutriente de alto índice pode elevar os níveis de insulina no sangue.

A insulina é um hormônio produzido no pâncreas. Quando alguém ingere um alimento, os carboidratos são decompostos em glicose, e ela é absorvida pela corrente sanguínea para ser levada às células. O corpo detecta uma mudança no teor de açúcar no sangue e libera insulina para que músculos e tecido adiposo recebam a glicose, que vai ser utilizada ou armazenada como energia.

Para um esportista, o essencial são alimentos que apresentem uma digestão mais lenta, para evitar a hipoglicemia (baixa quantidade de açúcar no sangue) durante a atividade física e não ter seu desempenho afetado.

Durante o exercício, o uso do carboidrato serve para manter o bom nível de glicemia e evitar a fadiga muscular. Geralmente são consumidas bebidas esportivas para atingir esse nível.

Na fase do pós-treino, o esportista deve consumir quantidades adequadas de carboidratos para repor o glicogênio muscular e recuperar o organismo.

A recomendação para um adulto saudável é de 45% a 65% de carboidratos, de acordo com o Institute of Medicine, uma divisão da Academia Nacional de Ciências, Engenharia e Medicina, organização sem fins lucrativos dos Estados Unidos. A Sociedade Brasileira de Medicina Desportiva vai além: recomenda que a ingestão de carboidratos deve ser maior para quem realiza um treina=mento esportivo, entre 60% e 70%.

Proteína

Macronutriente responsável pela composição e manutenção da estrutura corporal. A proteína é constituída por aminoácidos.

Os aminoácidos são unidades muito pequenas do material que compõe a proteína. São classificados como não essenciais (produzidos pelo nosso organismo) e essenciais (obtidos pela alimentação) que estão no leite, nos ovos, na carne, nos pescados e nos vegetais.

Os exercícios de força exigem maior consumo de proteína comparados com as atividades de resistência. Para um adulto normal, recomenda-se a ingestão de 10% a 35% de acordo com o Institute of Medicine.

Para aqueles que pretendem aumentar a massa muscular, sugere-se a ingestão de 1,6 a 1,7 grama por quilo de peso corporal por dia. Para aqueles que realizam atividade física de resistência, recomenda-se o consumo de 1,2 a 1,6 grama por quilo de peso, conforme instruções da Sociedade Brasileira de Medicina Desportiva.

Lipídio

Chamados também de gordura, os lipídios são a maior fonte de energia do organismo e responsáveis pela absorção de vitaminas. As principais fontes de lipídio são óleos e margarina.

Recomenda-se que as dietas tenham menor conteúdo possível de colesterol, ácidos graxos trans e gordura saturada, já que aumentam o risco de doenças cardiovasculares.

O colesterol é uma substância macia, parecida com cera. Ele se movimenta na corrente sanguínea e penetra nas células. O corpo produz colesterol e o restante provém de produtos animais, como carnes, peixes e ovos, que reduzem a degradação muscular, para serem utilizados como fontes de energia em atividades extenuantes de longa duração, na ausência de outros substratos.

Os ácidos graxos são encontrados em óleos vegetais e gorduras animais. Recomenda-se a ingestão de ácidos graxos poli-insaturados, os essenciais. Eles são chamados assim porque são necessários a muitas funções do corpo. Os ácidos graxos essenciais são o ômega-3, que está presente em grande quantidade nos peixes (especialmente o salmão) e óleos de peixe; e o ômega-6, presente nos óleos vegetais (soja, milho, girassol).

Um adulto necessita de uma dieta com 20% a 35% de gordura, de acordo com o Institute of Medicine. Ela pode ser dividida em saturadas, poli-insaturadas e monoinsaturadas.

Vitamina

É um composto necessário ao organismo em pequenas quantidades. Para obtê-lo é preciso extrair de uma fonte externa já que o corpo não produz vitamina.

Existem vitaminas lipossolúveis e hidrossolúveis, confira algumas delas:

Vitaminas lipossolúveis

Vitamina	Principal função	Fontes de alimento
Vitamina A	É essencial para a reprodução e para a resposta imunológica	Fígado, leite integral, queijos, frutas, vegetais folhosos
Vitamina D	É indispensável para a coagulação sanguínea e para a atividade muscular, é sintetizada com a ajuda de raios solares	Gema de ovo e pescados gordurosos
Vitamina E	É um importante antioxidante e reforça o sistema imunológico	Óleos, gema de ovo e vegetais folhosos

Vitaminas hidrossolúveis

Vitamina	Principal função	Fontes de alimento
Vitamina C	É um poderoso antioxidante e ajuda na produção e manutenção de colágeno	Frutas cítricas e vegetais crus
Vitamina B6	Auxilia no metabolismo de carboidratos, proteínas e lipídios	Carne, leite e ovos
Vitamina B12	Auxilia no metabolismo dos macronutrientes e ajuda na função neurológica	Carnes, fígado, rim e ovos

Minerais

Os minerais não podem ser sintetizados pelo organismo e por esse motivo são obtidos através da alimentação. Sendo assim, eles desempenham diversas funções no organismo. Confira alguns deles:

Mineral	Principal função	Fontes de alimento
Cálcio	É essencial para a formação de ossos e dentes e auxilia na contração e no relaxamento muscular	Leite e derivados (como queijos), vegetais verdes e amêndoas
Ferro	É responsável pela formação da hemoglobina, e sua carência pode levar a anemia. Deve-se consumir com alimentos fontes de vitamina C, pois ajuda na absorção do ferro	Carnes vermelhas, ovo, feijão e ervilha
Magnésio	Está presente em ossos, músculos e tecidos	Leite, cereais e vegetais
Potássio	É essencial para a função celular	Frutas e vegetais folhosos

Fibra

É uma substância não digerível encontrada em alguns grãos, frutas e vegetais. Serve para absorver a água consumida e movimentar os alimentos pelo trato digestivo. Ajuda a retirar resíduos alimentares que ficam alojados nesse sistema.

Alimentos funcionais

Possuem propriedades que podem trazer benefícios à saúde. O consumo desses alimentos vem aumentando gradativamente, como uma forma de manutenção da saúde. Porém vários alimentos ainda precisam de mais comprovações científicas para efetivar seus benefícios. A seguir, conheça alguns desses nutrientes.

Ácidos graxos ômega 3

Podem controlar processos inflamatórios e reduzir o LDL (colesterol ruim). Encontrados em peixes como sardinha, salmão, entre outros.

Catequina

Tem uma poderosa ação antioxidante e anti-inflamatória e pode auxiliar na prevenção de doenças crônicas, como o câncer. Encontrado no chá verde, amoras e framboesas.

Licopeno

É antioxidante e pode proteger contra certos tipos de câncer, como pulmão e estômago. Suas principais fontes são: tomate, goiaba vermelha e melancia.

Isovaflona

Pode reduzir os sintomas da menopausa e atuar na prevenção do câncer de mama. Suas principais fontes são as leguminosas, como feijão e soja.

Flavonoides

Tem ação anti-inflamatória e antioxidante. São encontrados na uva.

Suplementos alimentares

O uso só é justificável quando o indivíduo não consegue, pela alimentação, atender às demandas nutricionais, ou então para suprir deficiências impostas por períodos de grande atividade, como no caso de esportistas de alto rendimento, cujo objetivo é melhorar o desempenho ou aumentar a massa muscular.

As massivas campanhas publicitárias e o marketing agressivo dos fabricantes levam, por vezes, à ingestão equivocada ou até mesmo desnecessária de alguns desses suplementos. Os anúncios também prometem mais do que o produto realmente é capaz de fazer. Então, antes de comprar e consumir indiscriminadamente um suplemento alimentar, consulte um nutricionista, porque ele é o profissional certo para indicar a dieta específica para cada organismo e tipo de objetivo físico.

Whey protein

Proteína derivada do soro de leite, extraída durante o processo de transformar o leite em queijo. Apresenta elevada concentração de aminoácidos essenciais (BCAA e glutamina).

A suplementação proteica está fortemente vinculada aos ganhos de massa muscular por favorecer a síntese proteica e a recuperação muscular, aprimorando a resposta anabólica ao exercício.

Praticantes de exercícios físicos que têm o objetivo de aumentar a massa muscular apresentam uma ingestão proteica maior se comparados com os sedentários. A whey pode ser uma opção para atletas, porém o uso exagerado pode causar efeitos colaterais, como comprometimento hepático e renal.

- **Whey protein concentrada**: a forma concentrada é obtida por um processo de filtragem, resultando em um concentrado proteico de 20% até 80%.

- **Whey protein isolada**: é a forma pura da proteína do soro de leite. Sua concentração pode chegar até 90%. Pode ser muito interessante para praticantes de atividade física de alta intensidade, pois estimula a síntese de proteínas musculares.

- **Whey protein hidrolisada**: passa por um processo que quebra uma cadeia longa de proteína, formando segmentos menores e proporcionando uma rápida absorção. Ideal para o pós-treino.

Glutamina

A glutamina é o aminoácido mais abundante em sangue e tecidos. Não é essencial, pois pode ser sintetizada a partir de outros aminoácidos.

Estimula a síntese proteica e participa ativamente do aumento muscular. Fonte de energia para o sistema imunológico, sua escassez pode aumentar a incidência de doenças.

Creatina

É sintetizada no organismo a partir de dois aminoácidos: a arginina e a glicina. A creatina aumenta a força para exercícios de alta intensidade. Também estimula o crescimento muscular.

Seu uso na forma de suplementação promove o aumento nas concentrações de creatina muscular, retardando a depleção de creatina fosfato e reduzindo o declínio de ATP (que oferece mais energia para exercício de força e explosão e aumenta a massa muscular). A creatina é um dos fatores essenciais para evitar a fadiga após exercícios de longa duração.

O catabolismo muscular é o desgaste energético da musculatura, uma degradação da massa corpórea muscular. Com o excesso de atividade física sem intervalos, ou uma atividade que exceda o máximo de uma hora e meia, você pode iniciar esse processo, principalmente pela perda de água no tecido muscular. Resumindo: catabolizar significa perder massa muscular por excesso de atividade e isso não é bom para quem quer ganhar massa muscular. Evite!

TEAMLUI

Não existe falta de tempo, existe falta de interesse. Quando você quer de fato, a madrugada vira dia, a quarta-feira vira sábado, e um momento vira oportunidade.

TIPOS DE ATIVIDADE FÍSICA

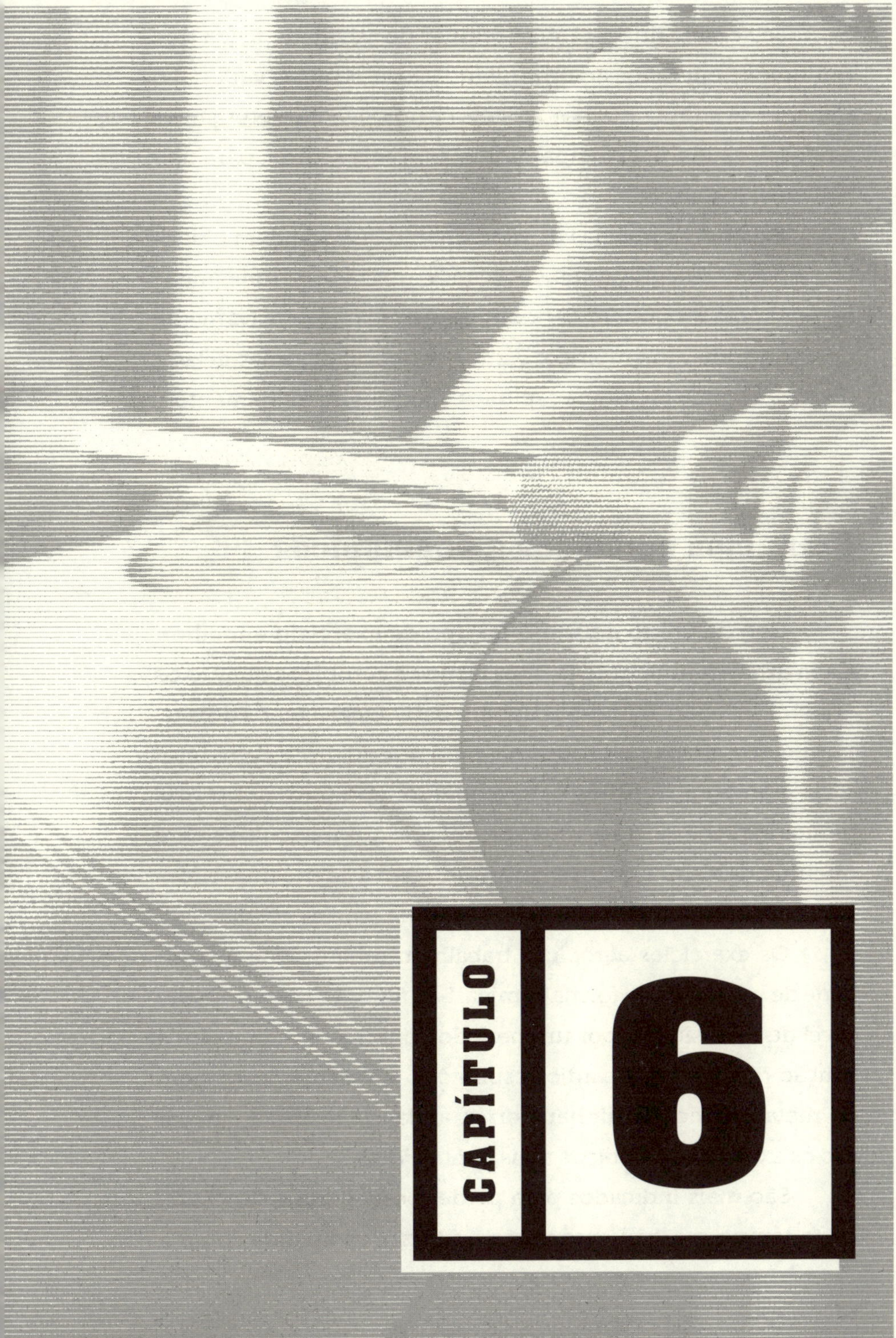

CAPÍTULO 6

Já se sabe que a prática regular de atividade física traz múltiplos benefícios ao organismo. Deve-se observar qual o tipo que se adapta melhor às suas condições, características e necessidades. E, principalmente, que seja segura, para não provocar lesões.

Existem estratégias de treinamento que atendem objetivos específicos e que, muitas vezes, são utilizadas erroneamente, por conta de prescrições com base única e exclusivamente no conhecimento empírico. Vamos conhecer algumas delas e determinar, nos próximos capítulos, modelos de treinamento.

Exercícios aeróbicos e anaeróbicos

Não há como definir qual tipo de exercício é melhor. Cada um tem uma função, mas tanto os aeróbicos quanto os anaeróbicos são altamente benéficos. O ideal é ter os dois tipos de exercícios no programa, para que se torne completo.

Aeróbico significa com oxigênio, portanto, usa o oxigênio no processo de geração de energia dos músculos e para queimar gordura e glicose, que produzem a adenosina trifosfato, responsável por transportar energia para as células.

Os exercícios aeróbicos trabalham uma grande quantidade de músculos de forma rítmica. São feitos em determinado nível de intensidade, por um período contínuo, e estimulam a função dos sistemas cardiorrespiratório e vascular, para além do metabolismo. Caminhar, correr, andar de bicicleta e nadar são os exercícios aeróbicos mais conhecidos.

São mais indicados para perder peso, porque depois de certo tempo o organismo passa a utilizar os lipídios como a principal fonte de energia, para que os estoques de carboidratos sejam preservados.

Os exercícios anaeróbicos utilizam uma forma de energia que não depende do uso do oxigênio. São atividades de curta duração e de grande intensidade, e muitos exercícios são direcionados apenas para alguns músculos.

Normalmente, o foco dos exercícios anaeróbicos é o aumento da massa muscular, da força e o enrijecimento dos músculos. Não basta apenas emagrecer, é necessário ter um desenvolvimento muscular para que depois de eliminar a gordura o corpo não fique flácido e sim com curvas definidas.

Quanto mais músculos, maior a velocidade com que se queima gordura, já que o corpo precisa de mais energia. Salto, corrida de cem metros rasos, arremesso de peso e *sprint* são exercícios constituídos de movimentos rápidos e de alta intensidade e, portanto, anaeróbicos.

A principal e mais praticada atividade anaeróbica, hoje, é a musculação. Trata-se de uma série de exercícios de curta duração, com alta intensidade, normalmente com carga. É a opção que mais trabalha e define os músculos, por isso existem tantas pessoas que passam horas na academia.

Mas é preciso ter atenção a esse tipo de atividade, pois, devido à grande intensidade dos exercícios, e por serem específicos a cada parte do corpo, qualquer erro ou prática de forma incorreta podem causar lesões, rompimento de músculos, ligamentos, dores na coluna. Por conta disso, é importante ter sempre um profissional acompanhando o praticante, para orientar e corrigir cada exercício.

O treinador costuma montar uma série de exercícios de acordo com a capacidade física e o objetivo do aluno, e essa série vai mudando com o tempo. Os exercícios aeróbicos e anaeróbicos fazem o corpo gastar energia, aceleram o metabolismo e auxiliam no emagrecimento.

Alongamento

Desde que realizados de maneira correta, os exercícios de alongamento não têm contraindicação e podem ser praticados por pessoas de todas as idades. Aqueles ministrados antes e depois da atividade física podem ser feitos diariamente, ainda que você não vá dedicar algum tempo a nenhum tipo de exercício.

Para ter mais disposição e fazer o dia mais produtivo, você deve praticar exercícios de alongamento logo pela manhã. Quem trabalha com movimentos repetitivos, como digitar e costurar, tem de fazer pelo menos de 2 a 3 alongamentos com o intuito de evitar problemas futuros.

Alongar-se enquanto os músculos estão frios aumenta o risco de lesão. O ideal é fazer um pequeno aquecimento, para que os músculos se tornem mais receptivos ao exercício.

Faça cada alongamento por, pelo menos, 30 segundos – os tecidos precisam de tempo para estirar com segurança. Em músculos mais tensos, procure manter o alongamento por, pelo menos, 60 segundos. Relaxe e respire normalmente. Não é indicado prender a respiração durante a atividade.

Alguns cuidados: não alongue se estiver lesionado, a menos que seja por orientação médica ou de fisioterapeuta. Não exagere. Respeite seus limites. Forçar o músculo pode provocar dores, rigidez e tensão.

Caminhada

De todos os exercícios aeróbicos, a caminhada é a que mais reúne vantagens porque, além do condicionamento físico que proporciona e de combater o estresse, é uma atividade gratuita, que pode ser feita a qualquer momento. Cada praticante estabelece o ritmo de acordo com seu perfil, e vai aumentando de forma progressiva a intensidade e a velocidade da passada.

Para começar a caminhar, não é necessário ter nenhuma prática, nem mesmo ter passado por algum treinamento. É ainda melhor quando houver uma companhia, para que o percurso se torne menos cansativo e mais agradável.

Caminhe com a postura ereta, use roupas leves para que não impeçam a transpiração natural, e escolha um tênis que proporcione maior conforto para os pés.

4 semanas para melhorar a caminhada

SEMANA 1		
SEGUNDA E QUARTA-FEIRA	**TERÇA E QUINTA-FEIRA**	**SÁBADO**
30 minutos de CL	10 min. de CL + 10 min. de CM + 10 min. de CL Total: 30 minutos	15 min. de CL + 15 min. (alternar 2 min. de CM e 3 min. de CL) Total: 30 minutos

SEMANA 2		
SEGUNDA E QUARTA-FEIRA	**TERÇA E QUINTA-FEIRA**	**SÁBADO**
30 minutos de CL	10 min. de CL + 10 min. de CM + 10 min. de CL Total: 30 minutos	15 min. de CL + 15 min. (alternar 2 min. de CM e 3 min. de CL) Total: 30 minutos
SEMANA 3		
SEGUNDA E QUARTA-FEIRA	**TERÇA E QUINTA-FEIRA**	**SÁBADO**
10 min. de CL + 20 min. (alternar 3 min. de CM e 2 min. de CF) + 10 min. de CL Total: 40 minutos	10 min. de CL + 25 min. de CM + 10 min. de CL Total: 45 minutos	30 min. de CM com subidas e descidas + 10 min. de CL Total: 40 minutos
SEMANA 4		
SEGUNDA E QUARTA-FEIRA	**TERÇA E QUINTA-FEIRA**	**SÁBADO**
10 min. de CL + 30 min. de CM + 10 min. de CL Total: 50 minutos	50 min. (alternar 2 min. de CM e 3 min. de CF) + 10 min. de CL Total: 60 minutos	40 min. de CM com subidas e descidas + 10 min. de CF + 10 min. de CL Total: 60 minutos

CL = Caminhada leve: você não transpira e consegue conversar com facilidade. Na esteira: 5 km/h.

CM = Caminhada moderada: passo mais rápido. Os braços ajudam o movimento e começa a transpirar. Na esteira: 6 km/h.

CF = Caminhada forte: fica ofegante, movimenta bastante os braços, como se estivesse com pressa. Na esteira: 6,5 km/h ou uma cadência maior do que a utilizada nos outros ciclos.

Corrida

A corrida é uma ótima opção para quem quer perder peso, mas requer um bom condicionamento físico porque exige mais do corpo.

Depois de um tempo de treinamento, o coração começa a bater mais forte e as células precisam de mais oxigênio e nutrientes para que funcionem bem e desenvolvam resistência – é por esse motivo que quem corre se cansa.

O início da corrida costuma ser mais tranquilo, porque o corpo ainda não está adaptado ao esforço que será exigido. Caso não haja preparação física, rapidamente se sentirá cansado e ofegante. Para evitar esse estado, é importante prestar atenção à respiração. O ideal é respirar de forma lenta e profunda, para que o oxigênio seja absorvido melhor. Inspire, então, em dois tempos pelo nariz e solte o ar em dois tempos pela boca.

Para conseguir correr grandes distâncias, é preciso começar pelas pequenas. Após atingir um bom ritmo de caminhada, corra um pouco no final do percurso, nem que sejam 100 metros e, aos poucos, vá aumentando a distância.

A corrida é um exercício completo, pois mexe com todos os músculos do corpo. Para garantir ainda mais resultados, use roupas leves e tênis acolchoados que amorteçam o impacto dos pés contra o solo.

4 semanas para se tornar um corredor

SEMANA 1		
SEGUNDA-FEIRA	**QUARTA-FEIRA**	**SEXTA-FEIRA**
Caminhe 2 min., corra 1 min. (7x)	Caminhe 2 min., corra 2 min. (6x)	Caminhe 2 min., corra 2 min. (5x)
SEMANA 2		
SEGUNDA-FEIRA	**QUARTA-FEIRA**	**SEXTA-FEIRA**
Caminhe 1 min., corra 3 min. (7x)	Caminhe 1 min., corra 4 min. (5x)	Caminhe 1 min., corra 5 min. (5x)

SEMANA 3		
SEGUNDA-FEIRA	**QUARTA-FEIRA**	**SEXTA-FEIRA**
Caminhe 1 min., corra 6 min. (4x)	Caminhe 1 min., corra 7 min. (4x)	Caminhe 1 min., corra 8 min. (4x)
SEMANA 4		
SEGUNDA-FEIRA	**QUARTA-FEIRA**	**SEXTA-FEIRA**
Corra 8 min., caminhe 1 min., corra 9 min., caminhe 1 min. (2x)	Corra 9 min., caminhe 1 min., corra 9 min., caminhe 1 min. (2x)	Corra 9 min., caminhe 1 min., corra 10 min., caminhe 1 min. (2x)

Para dar mais vida à caminhada e à corrida

- **Treino intervalado**: acrescenta mais ânimo e dinamismo ao treinamento. Durante a rotina normal de corrida, aumente o ritmo durante 30 segundos, 1 minuto, ou mais tempo. Depois, dê um intervalo e diminua o ritmo para se recuperar. É recomendado andar ou correr em ritmo lento para que a respiração volte ao normal. O intervalo de descanso depende da sua capacidade física. Se você for iniciante, ande ou corra em ritmo lento durante o período de recuperação. Se você for mais experiente, faça uma corrida leve para recuperar o fôlego.

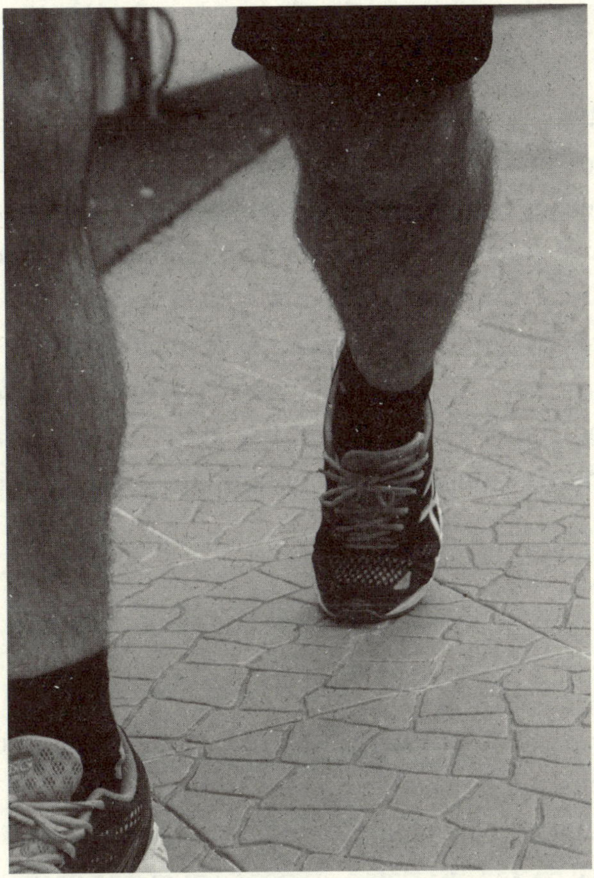

- **Treino em ladeiras**: vai aumentar a força muscular e a resistência. Mas tenha cuidado no início, porque a ladeira exigirá que você use músculos não utilizados com frequência. Quanto mais você treinar em ladeiras, mais as dificuldades vão diminuir. Há vários benefícios nesse tipo de treinamento, como trabalhar e dar resistência às panturrilhas, aos glúteos, à cintura e ao tendão de Aquiles. A corrida em ladeiras também trabalha muito mais os músculos superiores do que a corrida em superfícies planas.

Bicicleta

Além dos benefícios que todos os exercícios aeróbicos oferecem, pedalar é uma ótima opção para enrijecer as coxas e o bumbum, combater a flacidez e melhorar a circulação.

Como qualquer outro exercício, comece aos poucos e vá progredindo, aumentando a distância, a velocidade e a marcha, para que fique mais pesada e exija mais da musculatura.

É importante prestar atenção à postura na hora de pedalar e ajustar o banco na altura da extensão das pernas, para que a coluna fique reta e o abdômen um pouco contraído.

Pular corda

Conhecida por ser uma brincadeira infantil, traz diversos benefícios à saúde e à boa forma.

Pular corda é fácil, barato e muito eficiente quando o assunto é gastar calorias: a atividade queima por volta de 15 delas por minuto, média maior que a natação e muitas lutas, como o boxe e o MMA. Fazendo as contas, em meia hora de exercício dá para queimar 450 calorias.

Pular corda trabalha os músculos do corpo, principalmente os glúteos e as pernas, além de melhorar o condicionamento físico. Mas para chegar lá é preciso muito esforço e suor, afinal o exercício não é dos mais leves; dependendo do ritmo, pode ser muito intenso. Por isso, quem tem problemas nas articulações dos membros inferiores, hipertensão ou está acima do peso deve procurar o médico antes de começar a pular corda.

Escolher a corda mais apropriada para você é muito importante, pois ela influenciará o seu desempenho. Analise bem as opções disponíveis e evite comprar apenas pelo preço.

Nada de começar o exercício bruscamente. Antes de pular, faça um aquecimento, dê pulinhos sem a corda por 1 ou 2 minutos. Esse exercício vai aumentar a frequência cardíaca de forma gradual e preparar o corpo para os pulos mais intensos.

Para aquecer os braços, faça o movimento comum para pular corda: passe-a por cima da cabeça, bata no chão, mas apenas passe por cima dela, sem pular.

Para os iniciantes, uma dica: ainda parado, gire a corda para o seu lado direito em movimento circular. Repita o movimento com o lado esquerdo, formando um 8 em posição horizontal. Depois, tente fazer com que a corda passe por cima da sua cabeça e assim que ela tocar o solo você dá um leve salto. Repita várias vezes, até encaixar o tempo do salto sobre a corda e manter um ritmo de saltos.

Esportes aquáticos

Emagrecer praticando esportes aquáticos é uma ótima pedida. Muitos podem considerá-los hobby ou passatempo no verão, mas o fato é que os exercícios na água exigem mais esforço e podem ocasionar maior perda de calorias. Em outras palavras, eles podem ser tão eficazes quanto a academia que estamos acostumados a frequentar durante o ano.

Dentro da água é possível desenvolver inúmeros exercícios que vão trabalhar as principais capacidades físicas, como força, equilíbrio, coordenação, flexibilidade e aptidão cardiorrespiratória, além de contribuir para a redução de peso.

Existem vários tipos de esportes aquáticos, entre eles alguns mais eficazes para manter a forma, como surfe, windsurfe e stand-up paddle.

Mas antes de se aventurar sozinho em alguma praia, rio ou represa, saiba que todos esses esportes requerem muita habilidade. Quem estiver a fim de começar a praticar, é importante procurar um profissional capacitado para que este dê boas orientações.

Natação

Indicada para todas as idades, é uma ótima opção para desenvolver a resistência muscular e cardiorrespiratória, e aumentar o condicionamento físico. Ao nadar, todos os músculos do corpo entram em ação, e para a musculatura de braços, pernas, costas e abdômen o efeito é ainda maior, porque eles se movimentam juntos, de forma constante e intensa.

Há quem opte pela natação porque, além de ser um esporte muito agradável, parece cansar menos por ser na água. Puro engano. Nadar exige muito do corpo. O ideal é praticar de duas a três vezes por semana, por aproximadamente 45 minutos.

Para os iniciantes, o correto é procurar uma academia ou um clube com profissionais capacitados.

Treino ao ar livre

Atividades ao ar livre sempre são bem-vindas pois, além de propiciarem um pouco de ar puro, o que ajuda na oxigenação do sangue, ainda contribuem para estar em contato com a natureza e sair um pouco do ambiente fechado da academia. Para começar seu treino no parque, praia ou campo, confira uma sugestão de circuito que não requer aparelhos de musculação, apesar de ser tão eficiente quanto sua rotina na academia.

- **Agachamento livre**: com os pés na linha dos ombros, realize o agachamento. Desça o quadril como se fosse sentar em uma cadeira e mantenha os calcanhares no chão o tempo todo. Desça até o seu limite máximo, sempre com o abdômen contraído e a coluna ereta. São 15 repetições.

Agachamento livre

- **Flexão de braços**: palmas das mãos e ponta dos pés apoiados no chão, sustentando o corpo estendido. Paralelo ao solo, você vai flexionar e estender os cotovelos. Chegue com o peito o mais próximo possível do chão (mulheres podem apoiar os joelhos para facilitar). São 15 movimentos. Faça um intervalo de até 1 minuto. Repita três vezes.

Flexão de braços

- **Afundo livre**: com um pé na frente e outro atrás, flexione a perna de trás, como se quisesse tocar o joelho no chão. Permaneça com a coluna reta e o abdômen contraído. Faça 15 movimentos com cada perna.

Afundo livre

Gosta de estar ao ar livre? Então, faça o seguinte:

1. Mantenha-se hidratado

No clima quente você deve consumir mais água que habitualmente. Ingira também bebidas isotônicas para repor os sais minerais do organismo que foram eliminados com o suor. Faça seus treinos em um local com bebedouro ou leve uma garrafinha de água.

2. Proteja os olhos

Use óculos de sol de qualidade, com proteção UVA e UVB, pois eles absorvem e refletem os raios solares durante a prática de esportes e ainda ajudam a prevenir doenças.

3. Cuide da pele

O protetor solar não dura todo o percurso da corrida. Aplique mais vezes porque o suor atrapalha a durabilidade do protetor.

4. Alongue-se

Correr com a temperatura alta pode levar à perda de água e à queda no nível de sódio. Resultado: podem ocorrer cãibras. Para evitar esse problema, alongue-se e aqueça a musculatura antes de iniciar a atividade física.

5. Evite o sol forte

Alguns corredores fazem seus treinos por volta das 5 horas da manhã, para evitar o sol forte no verão. Se você não pode acordar tão cedo (ou não gosta), treinar à noite é o ideal. Sempre que possível, corra em locais com sombra, como parques e regiões residenciais que costumam ser arborizadas.

6. Vista-se bem

Use roupas mais leves ou com tecido inteligente, que dispensa o suor e contém proteção UV. Evite tecido de náilon e moletom. Use algodão ou *dry-fit* e não se esqueça de usar boné.

7. Fique atento aos sinais do corpo

O excesso de sol pode causar falta de ar, dor de cabeça, náusea e tontura. Se não estiver se sentindo bem em uma corrida no sol, pare o treino, vá para a sombra e beba água gelada.

Desafio para cumprir ao ar livre

	Homem	Mulher
Segunda-feira	25 flexões	10 flexões
Terça-feira	50 agachamentos	50 agachamentos
Quarta-feira	100 abdominais	100 abdominais
Quinta-feira	30 flexões	15 flexões
Sexta-feira	100 agachamentos	100 agachamentos

Treinamento em circuito

Monte um circuito com alguns equipamentos básicos no jardim da sua casa, ou onde encontrar espaço. O treinamento em circuito permite atingir os benefícios aeróbios e anaeróbios na mesma sessão. Por causa da constante variação de exercícios, esse tipo de treinamento é motivador. Faça um exercício por 30 segundos ou 1 minuto e depois siga adiante.

OBJETIVO	Melhorar o condicionamento físico
MÉTODO DE TREINO	Exercícios variados com função aeróbica e anaeróbica
FREQUÊNCIA	Dias intervalados
DURAÇÃO MÉDIA DO TREINO	15 a 20 repetições de cada exercício
INTERVALO ENTRE OS EXERCÍCIOS	30 segundos ou 1 minuto

Veja um exemplo de um circuito básico:

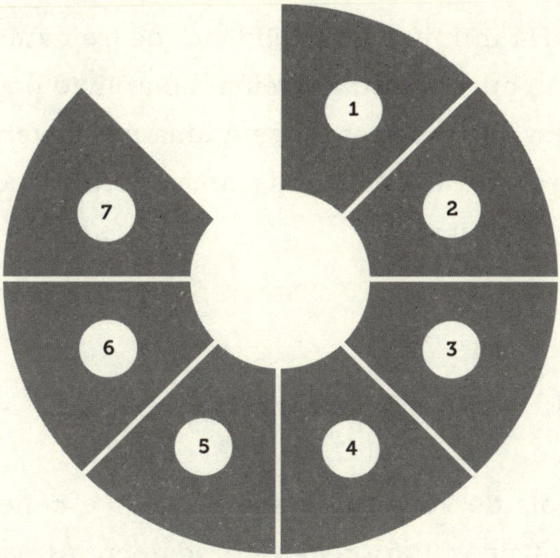

1 Flexão de braços
2 Afundo
3 Abdominais
4 Agachamento
5 Paralela na cadeira
6 Pular corda
7 Dar sprints (correr) em escadas ou no próprio lugar

Você pode incrementar o treino de flexão de braços fixando o pé em um nível acima do chão, ou então fazendo as flexões com as mãos em cima de uma bola de basquete em vez de colocá-las no chão. O treinamento em circuito vai deixar você constantemente estimulado – nunca mais você ficará entediado enquanto estiver fazendo uma atividade física.

Levar a sessão de exercícios para um ambiente ao ar livre pode ser a solução para quem precisa renovar a motivação e desafiar a si mesmo para atingir melhor condicionamento. Há infinitas possibilidades de treinamentos para mudar um pouco a rotina. Treinar ao ar livre pode significar também que cada sessão será uma nova aventura, uma chance de observar a natureza e uma oportunidade de rejuvenescer o espírito.

Treinamento na academia

Depois de você saber sobre riscos e benefícios dos exercícios físicos, informações fundamentais para nortear a estruturação de um programa que respeite características, condições, necessidades e objetivos individuais, chega o momento de organizar um programa de treinamento de acordo com o nível de condicionamento físico de cada um. Apresento, aqui, três níveis diferentes: iniciante, intermediário e avançado.

Iniciante

Para iniciantes, ou seja, indivíduos que apresentam baixo nível de condicionamento físico, o programa de treinamento tem como principal objetivo aprimorar a adaptação neural (responsável pelo ganho de força), melhorar a coordenação intra e intermuscular (capacidade de ativar maior quantidade de unidades motoras de um determinado músculo e ativação de grupos de músculos durante os movimentos, respectivamente) e aprender a executar os exercícios de forma correta. Nessa etapa, o volume de treino representado pela quantidade de trabalho – como o número de exercícios, séries e repetições – deve ser baixo.

A mesma recomendação pode ser aplicada à intensidade, que representa a quantidade de esforço como carga, velocidade de execução e intervalo de descanso entre as séries, intensidade mecânica dos exercícios (ou seja, carga baixa), intervalo entre as séries superiores a 1 minuto, exercícios que não exijam grande intensidade de contração muscular e amplo controle motor, como no caso das máquinas, porque não requerem muita técnica de quem as utiliza.

O treino mais recomendado nessa fase é o alternado por segmento tradicional ou parcial, em que o iniciante realiza um exercício para cada segmento do corpo (por exemplo: superior, inferior e músculos que movimentam o tronco) de forma alternada, com frequência de 2 a 3 vezes por semana, e intervalo de 48 a 72 horas entre as sessões.

O treinamento, tanto para melhorar o desempenho como para aumentar a massa muscular, precisa ser curto, com duração média de 45 minutos. O propósito é evitar dores e desconfortos provocados pela sobrecarga muscular e articular excessiva, fadiga demasiada, que cronicamente resultaria em lesão e faria o aluno ter uma impressão negativa do exercício. Nessa etapa, a ideia central é fazer com que o aluno se interesse pela atividade física.

Treino para iniciante

OBJETIVO	ativação neural de acordo com cada exercício/adaptação do corpo para a nova rotina/interessar-se pela atividade física
MÉTODO DE TREINO	um exercício para cada segmento do corpo
DICA IMPORTANTE	preferência por exercício em máquinas
FREQUÊNCIA	2 a 3 vezes por semana (intervalo de 48h a 72h)
DURAÇÃO MÉDIA DO TREINO	45 minutos
CARGA	baixa
INTERVALO ENTRE AS SÉRIES	superior a 1 minuto

Alternado por segmento tradicional

3 séries de 10 repetições

- Supino
- *Leg press*
- Abdominal flexão de coluna
- Remada
- Cadeira flexora
- Abdominal oblíquo
- Gêmeos em pé
- Extensão lombar

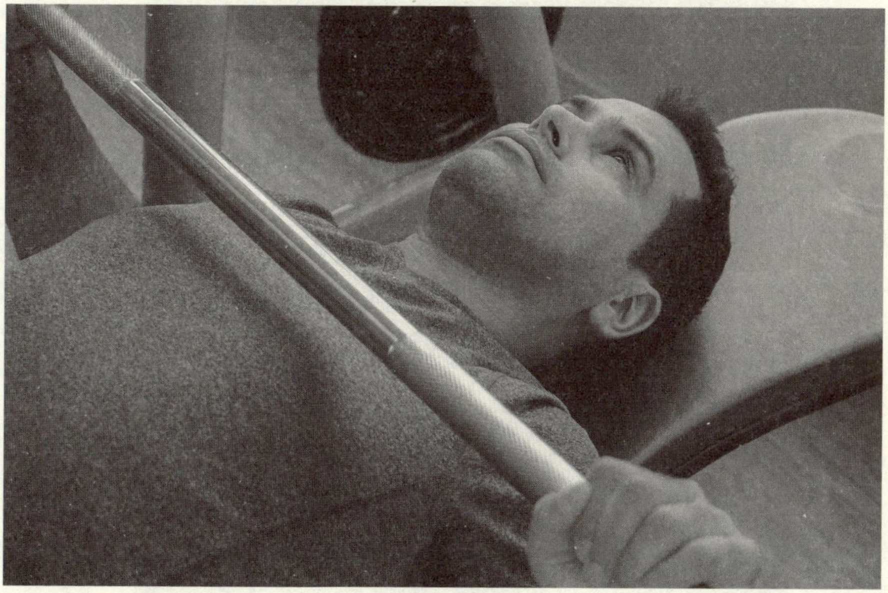

Supino

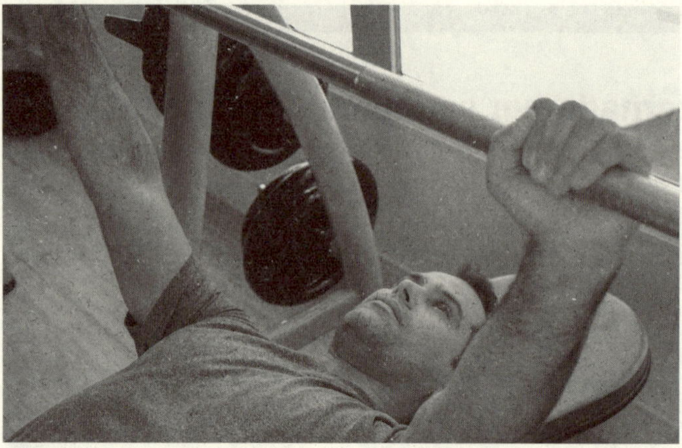

Supino

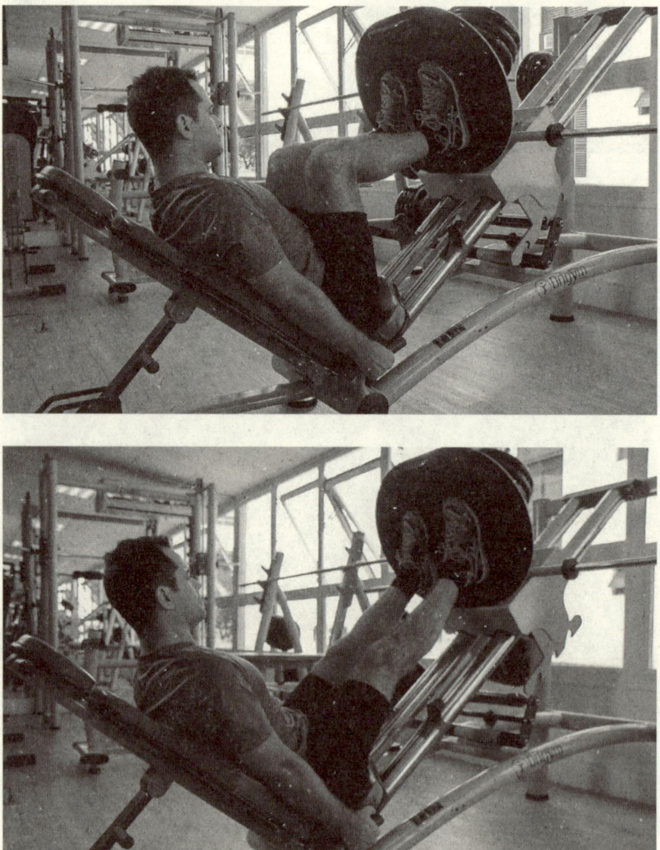

Leg press

Abdominal flexão de coluna

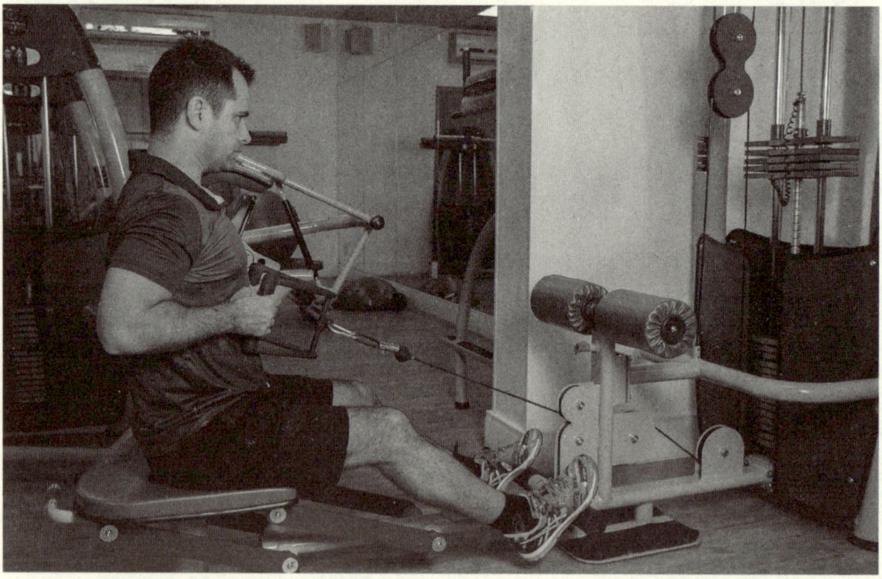

Remada

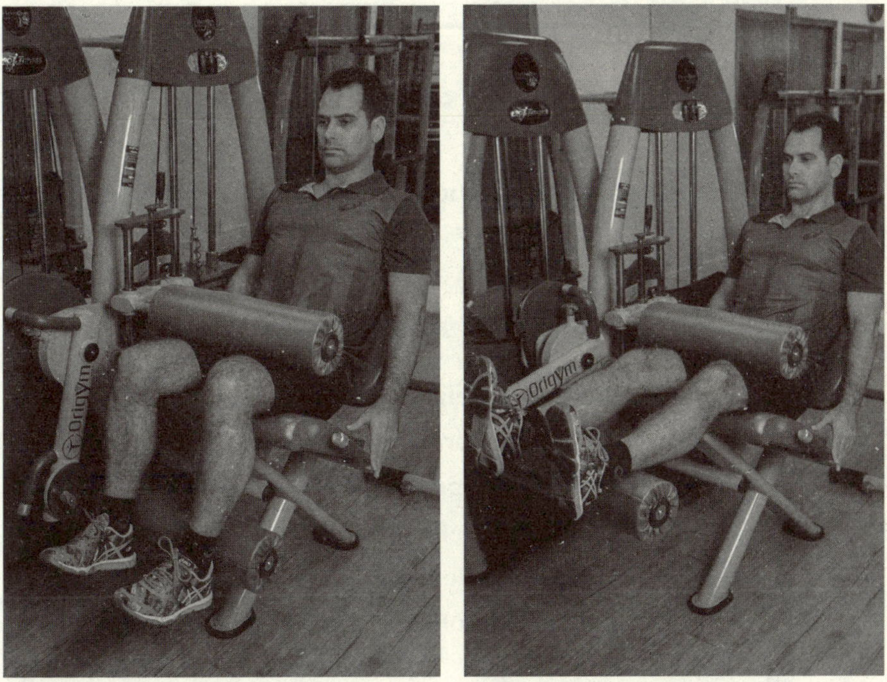

Cadeira flexora

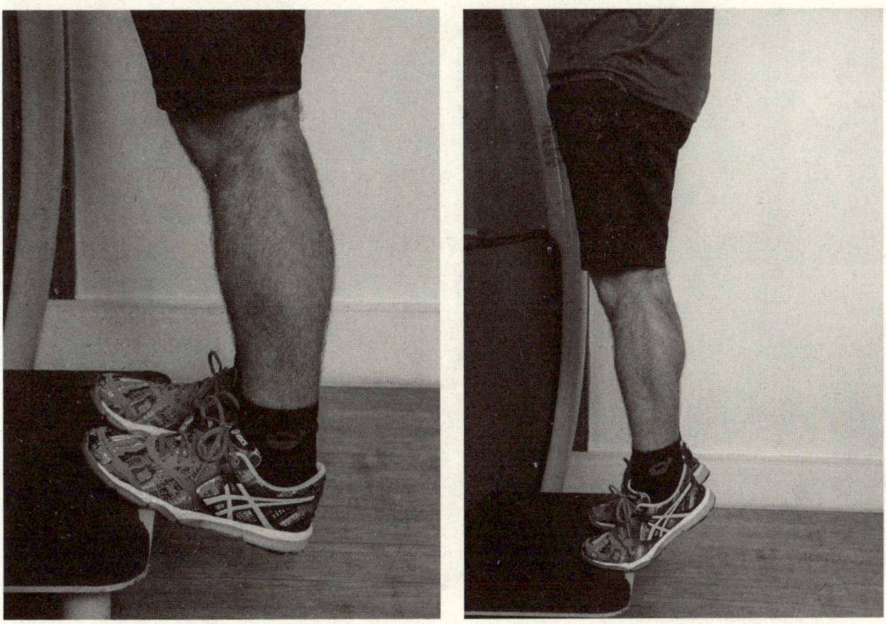

Gêmeos em pé

Alternado por segmento parcial

3 séries de 10 repetições

- Supino
- *Leg press*
- Remada
- Cadeira flexora
- Elevação lateral no plano escapular
- Gêmeos em pé
- Rosca direta
- Abdominal flexão de coluna
- Tríceps na polia

Rosca direta

Rosca direta

Tríceps na polia

Intermediário

Depois do período de adaptação, que dura aproximadamente 6 meses, o praticante engajado num programa de exercícios apresenta melhora do condicionamento físico geral e também das capacidades físicas (como força, flexibilidade e resistência).

Além disso, ele aprimora a técnica de execução e apresenta maior resistência mecânica de estruturas biológicas (como músculos, ossos e cartilagens). Isso quer dizer que ele tem maior capacidade de suportar sobrecarga moderada.

Nessa etapa, o praticante encontra-se em um nível intermediário de treinamento. O número de sessões semanais, portanto, poderá ser aumentado para 4 a 5, com exercícios que exijam maior intensidade de contração, se comparados à fase inicial. Os métodos de treinamento mais usuais são os localizados por músculo e articulação, treino dividido (por exemplo, A/B), pirâmide crescente etc.

Treino para intermediário

OBJETIVO	Melhora a coordenação e do equilíbrio/aumento da capacidade de suportar sobrecargas maiores/desenvolvimento de músculos de modo específico/ resistência a maior quantidade de exercícios para cada região muscular e que exijam maior intensidade de contração
MÉTODO DE TREINO	Pirâmide crescente (diminuir as repetições a cada série, sendo 12 repetições na primeira série, 10 repetições na segunda e 8 na terceira)
DICA IMPORTANTE	Explorar melhor os exercícios multiarticulares
FREQUÊNCIA	4 ou 5 vezes por semana
DURAÇÃO MÉDIA DO TREINO	45 minutos
CARGA	Moderada (o ideal é que a carga aumente enquanto as repetições diminuem)
INTERVALO ENTRE AS SÉRIES	Até 1 minuto

Método pirâmide crescente

3 x 12 / 10 / 8

Treino A

- Supino
- Crucifixo
- Desenvolvimento com halteres
- Elevação frontal
- Tríceps testa
- Tríceps na polia
- Abdominal flexão de coluna sobre a bola
- Abdominal elevação de perna (joelhos flexionados)

Treino B

- *Pulley* frente
- Remada pegada aberta
- Rosca direta
- Rosca *scott*
- *Leg press*
- Agachamento parcial ou no *smith*
- Cadeira flexora
- Gêmeos em pé

Crucifixo

Desenvolvimento com halteres

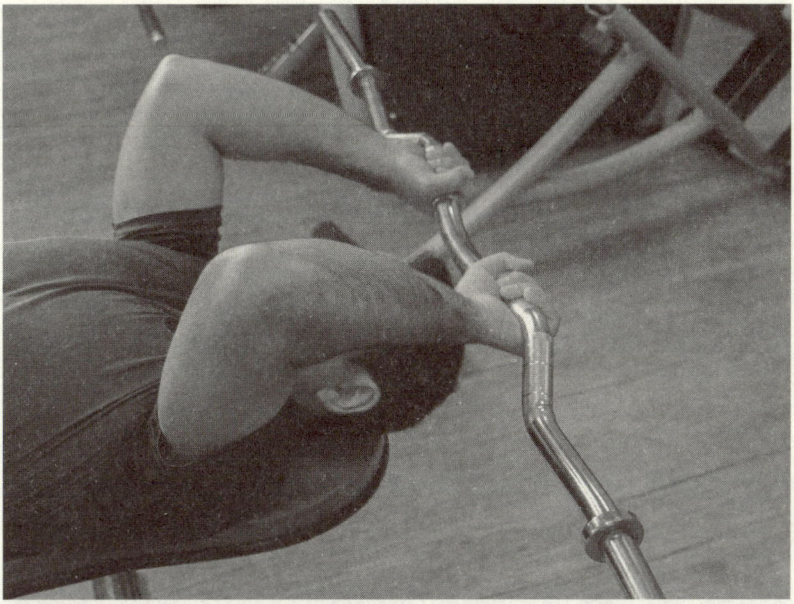

Tríceps testa

Remada pegada aberta

Rosca *scott*

Agachamento parcial

Agachamento no *smith*

Avançado

Quem pratica exercícios regularmente, por um período mínimo de 18 meses, pode ser considerado avançado. Apresenta amplo desenvolvimento de habilidade motora, estruturas osteomioarticulares com vasto limite de tolerância para cargas de alta magnitude (cargas e amplitudes podem ser incorporadas com maior segurança), e grande desenvolvimento das potencialidades do corpo.

As sessões de treinamento serão realizadas de 5 a 6 vezes por semana, em intensidade alta – isso significa que tanto a sobrecarga peso quanto a sobrecarga muscular (intensidade de contração) serão altas.

Existem diversos métodos de treinamento que podem ser introduzidos nessa etapa com a finalidade de proporcionar maior desafio ao indivíduo, como bi-set, tri-set, drop-set, repetições forçadas etc.

Treino para avançado

OBJETIVO	Evolução dos músculos/ aumento da massa muscular/ manutenção da massa muscular já adquirida/ ganho de força

MÉTODO DE TREINO	Bi-set (executar dois exercícios consecutivos sem intervalo), tri-set (executar três exercícios consecutivos sem intervalos), drop-set (atingir a falha, diminuir a carga em mais ou menos 20% e atingir a falha novamente. Fazer isso três vezes, sempre com execução perfeita, para atingir o objetivo desse tipo de repetição forçada. Talvez seja necessário a ajuda de um companheiro para realizar esse tipo de técnica para apoiar o peso no momento da falha)
DICA IMPORTANTE	Explorar (com segurança) os benefícios de sobrecargas elevadas
FREQUÊNCIA	5 ou 6 vezes por semana
DURAÇÃO MÉDIA DO TREINO	45 minutos
CARGA	Elevada
INTERVALO ENTRE AS SÉRIES	40 segundos

Métodos: bi-set, tri-set, drop-set

Treino A

- Supino
- Supino com halteres
- Supino inclinado na máquina
- Elevação no plano escapular
- Desenvolvimento pela frente
- Tríceps testa
- Tríceps paralela

Treino B

- Barra fixa pela frente
- Remada unilateral com halteres
- Remada pegada aberta
- Crucifixo inverso unilateral (cabo)
- Rosca banco inclinado
- Rosca direta
- Abdominal suspenso
- Abdominal canivete

Treino C

- *Leg Press*
- Agachamento completo
- *Stiff*
- Mesa flexora
- Cadeira adutora
- Cadeira abdutora
- Gêmeos sentado
- Gêmeos em pé

Stiff

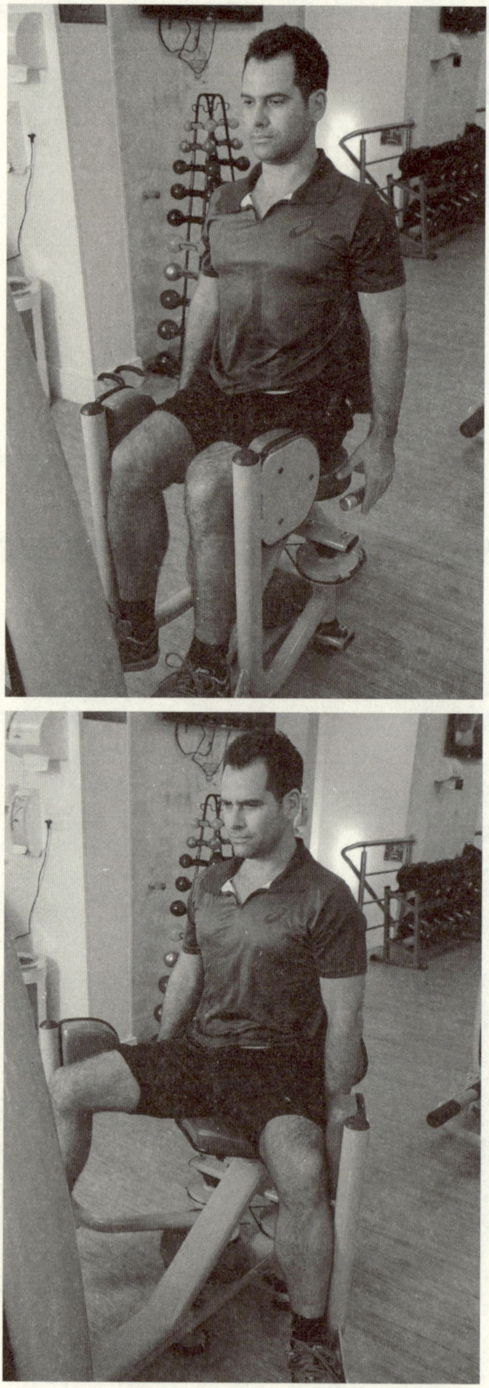

Cadeira abdutora

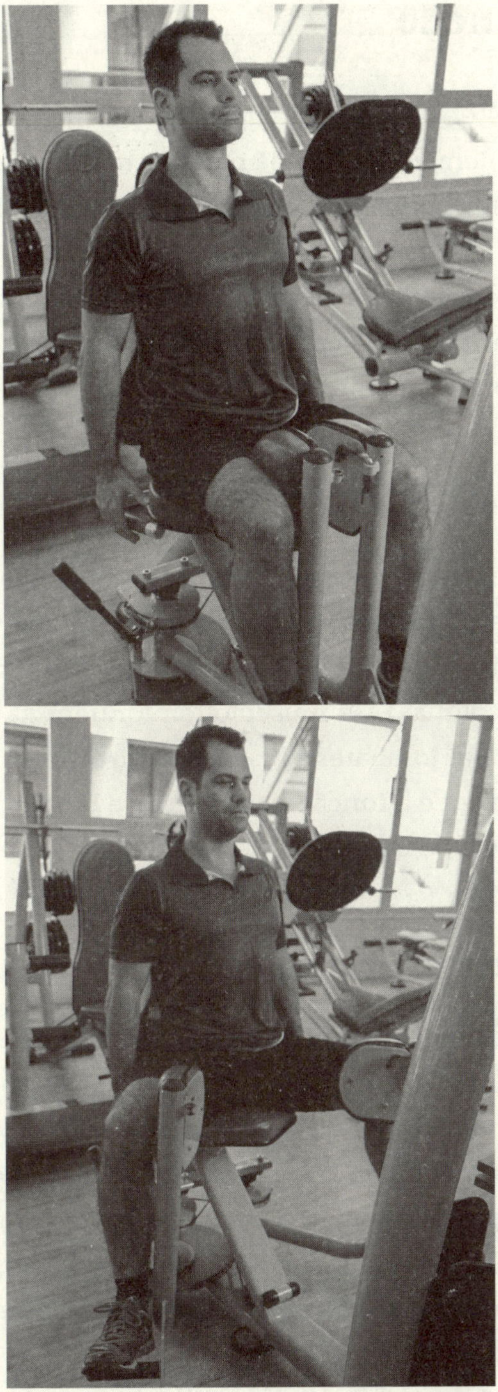

Cadeira adutora

Certo e errado

Muitos erros são cometidos na execução de exercícios nas academias. Se você já convive nesse ambiente, viu provavelmente alguns dos que vou citar abaixo. Mas se está começando a frequentar uma academia, ou irá frequentá-la a partir da leitura deste livro (e espero que isso aconteça!), evite esses erros para alcançar os melhores resultados possíveis com o treinamento.

Semiflexão do joelho

Ao executar os exercícios em pé, você deve flexionar ligeiramente os joelhos, o que resultará em leve flexão do quadril, reduzindo a capacidade do músculo iliopsoas de tracionar a coluna. Esse músculo tem origem na face lateral das vértebras lombares e inserção no trocânter menor do fêmur, que exerce a função de extensão e hiperextensão da coluna e flexão do quadril.

Crucifixo inverso em pé

Na tentativa de realizar o ciclo de movimento completo nas últimas repetições, com cargas elevadas, próximo à fadiga, o praticante acaba comprometendo a execução completa do movimento. A excessiva inclinação do tronco no sentido posterior, além da posição anatômica, provoca aumento da compressão do disco intervertebral, que cronicamente pode degenerar uma estrutura fundamental para desacelerar o choque mecânico.

Errado
Errado

Certo
Certo

Encaixe do quadril

Muitos praticantes são orientados a realizar os exercícios na posição em pé com o quadril encaixado (pelve retrovertida e coluna flexionada). Nessa posição, a região lombar é retificada, comprometendo sua capacidade de suportar sobrecarga. Cada curvatura fisiológica é responsável pela sustentação de parte da carga à qual a coluna é submetida. Portanto, é fundamental a manutenção das curvaturas da coluna para não afetar a eficiência de sustentar cargas e, assim, evitar possíveis danos.

Na posição sentado

É errado pensar que os exercícios realizados na posição sentado a 90° protegem a coluna, porque ela estaria apoiada. Na posição em pé, o centro de gravidade, situado próximo à coluna lombar – denominado eixo de rotação –, atravessa o corpo.

Já na posição sentado a 90°, o centro de gravidade está deslocado à frente, provocando aumento das forças geradas pelos músculos extensores da coluna e exacerbando a sobrecarga aplicada.

Em contrapartida, quando sentamos em uma cadeira com inclinação a 60°, o centro de gravidade passa sobre o eixo de rotação (coluna lombar), reduzindo o braço de alavanca, a atividade dos músculos extensores e, consequentemente, a sobrecarga na coluna.

Rosca Scott

No exercício Rosca Scott executado com pesos livres, a sobrecarga (halteres) não pode exceder a linha do cotovelo (eixo). Uma vez que o peso exerce uma força no sentido da ação da gravidade, e os músculos responsáveis pela flexão do cotovelo (por exemplo, bíceps braquial) desempenham uma força contrária para vencer a resistência, quando o peso estiver em cima ou ultrapassar a articulação do cotovelo, a força gerada pelo peso e pelos músculos será praticamente nula.

Agachamento valgo

O agachamento realizado com aproximação (valgo dinâmico) dos joelhos durante os movimentos de flexão pode predispor a lesões. A literatura tem mostrado uma forte correlação do valgo dinâmico com a lesão de LCA (ligamento cruzado anterior) e desenvolvimento de condromalácia – lesão na cartilagem da patela. Por isso, durante a realização do movimento, mantenha os joelhos alinhados com a ponta dos pés.

Stiff coluna curvada

A literatura aponta que exercícios de levantamento de peso realizados com a coluna flexionada geram um silêncio dos músculos extensores da coluna, aumentam a solicitação mecânica dos tecidos passivos, como ligamentos posteriores – estabilizadores primários das articulações –, e ainda provocam substancial força de cisalha na coluna lombar.

Pegada supino

Evite a pegada conhecida como "seca", na qual o polegar encontra-se por trás da barra. O polegar exerce papel fundamental quando envolve a barra e, assim, reduz o risco de acidentes.

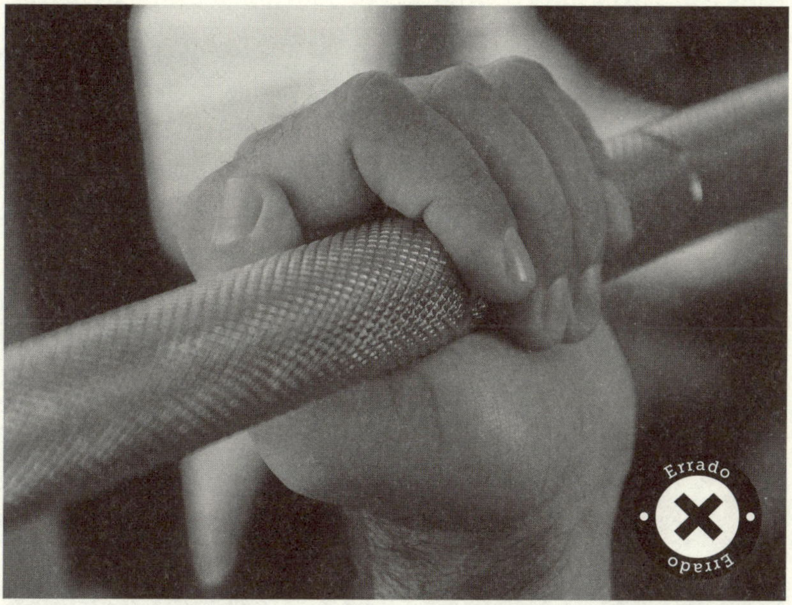

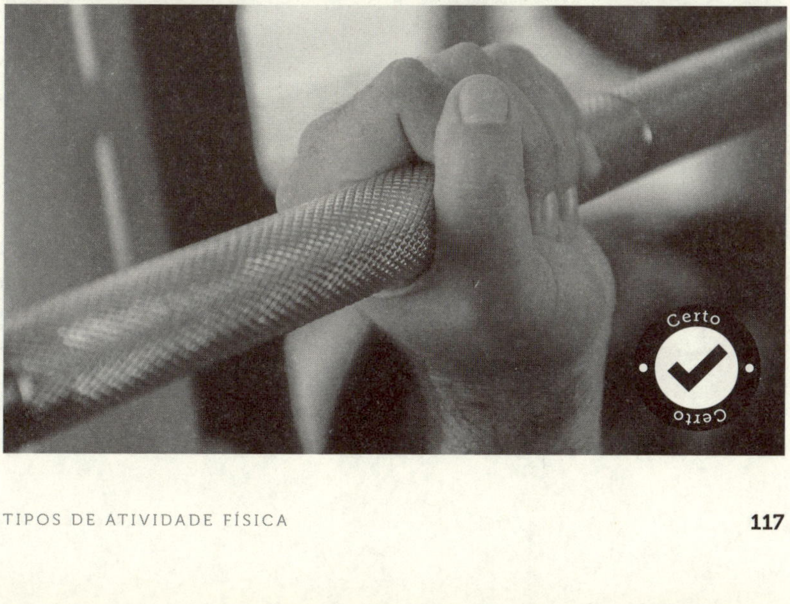

Pulley costas

Cargas elevadas obrigam o praticante a projetar o tronco à frente, acentuando a posição de risco. Para evitar esse inconveniente, faça o exercício puxando a barra em direção ao tórax, ou reduza a carga para não afetar a execução.

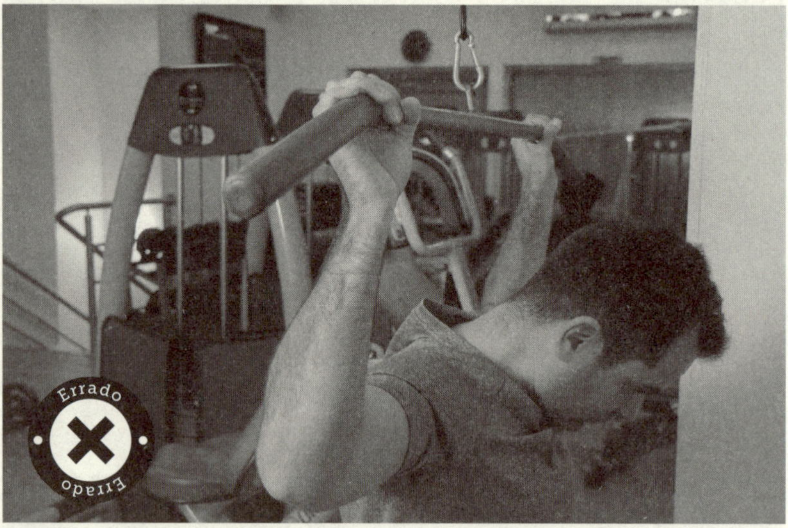

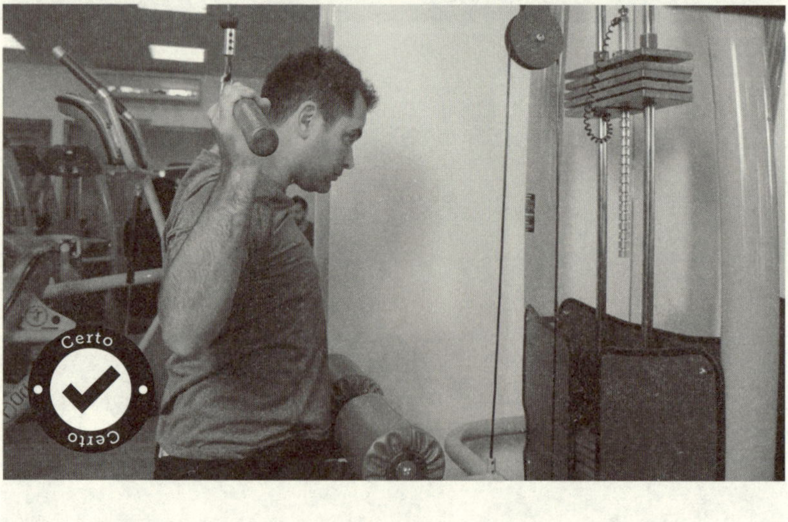

Crucifixo

Algumas pessoas apresentam dificuldade em executar esse exercício. O problema pode ser sanado se você utilizar a pegada neutra, mantendo os halteres na posição vertical.

Supino

Alguns bancos de supino têm um suporte de barra que dificulta a sua retirada, predispondo a articulação do ombro a lesões. Ao executar o exercício, principalmente com cargas altas, é importante a presença de um treinador para auxiliar o seu início e término.

Remada alta

Elevações do braço acima da linha do ombro e girados internamente, podem causar inflamação e danos na região trabalhada.

Leg press

Os glúteos e a região lombar não devem perder de jeito nenhum o contato com o banco. Essa modificação de postura pode afetar o mecanismo de controle de carga da coluna.

Flexão de braço

Durante as flexões mantenha o corpo alinhado, para impedir o desabamento da região do quadril, que acentuará a lordose lombar e provocará aumento das forças que incidem sobre os discos intervertebrais. O mesmo ocorre com os discos da região cervical quando o exercício é executado com a cabeça elevada e com os olhos alinhados à frente.

Flexão de braço pegada fechada

A literatura tem mostrado uma atividade de tríceps braquial significativamente maior quando os cotovelos estão próximos ao corpo do que se o exercício for realizado com os braços afastados.

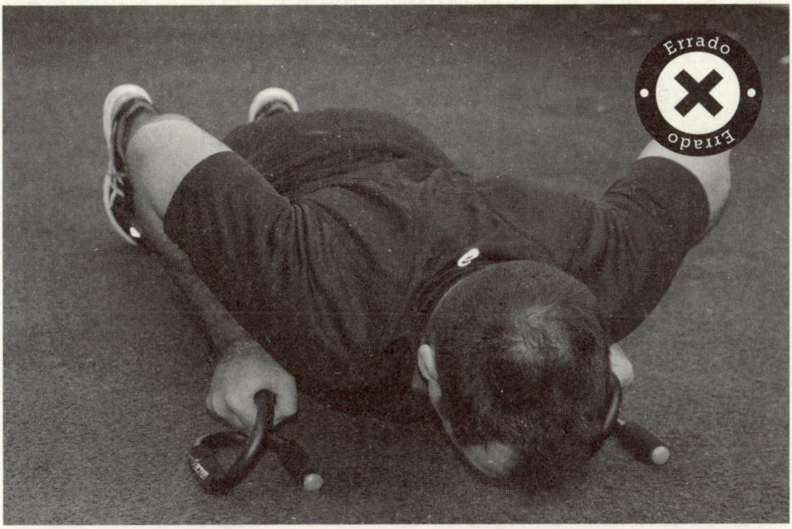

Treinamento funcional

Nos últimos anos, o treinamento funcional vem ganhando espaço na mídia porque permite uma série de exercícios bem mais atrativos e divertidos do que muitos outros por aí.

Esse treinamento reúne exercícios em uma série dinâmica que engloba ações como agachar, correr, puxar, empurrar, pular, saltar, subir escada.

Diversos grupos musculares são trabalhados com a intenção de desenvolver a força, a flexibilidade, o sistema cardiorrespiratório, a coordenação motora e o equilíbrio.

> Explicação rápida: CORE – em inglês significa centro – é um conjunto de músculos responsável por nosso equilíbrio e pela adequação postural do tronco em qualquer movimento. Localiza-se nas regiões mais profundas do tronco e da pelve. Esses músculos formam um centro de força que mantém a estabilidade da coluna lombar e a flexibilidade.

Como treinar funcionalmente?

Os movimentos devem integrar todos os grupos musculares e não trabalhar músculos isolados. Todos os exercícios são executados nos planos baixo, médio, alto e também vertical e horizontalmente.

Os equipamentos devem ser livres, como halteres, cordas, *kettlebells*, barras, bolas, fitas e cabos.

Aqui estão alguns exercícios para você começar a treinar:

Realize de 2 a 3 séries de 10 repetições. A carga de trabalho é o peso do próprio corpo, por isso, caso sinta que está muito pesado, realize o movimento em um ângulo menor.

Exercício 1: flexão de braço

Mantenha o abdômen contraído, estenda as pernas e faça o movimento de flexão de braço.

Exercício 2: elevação unilateral de quadril

Deite-se de barriga para cima, tire uma perna do chão e suba o quadril utilizando apenas a perna que está apoiada. A outra se mantém estendida.

Exercício 3: *stiff* unilateral

Posicione os braços em frente ao corpo e tire uma perna do chão, mantendo o equilíbrio. Desça em direção ao solo, flexionando o quadril e o joelho. Alterne as pernas.

Exercício 4: flexão lateral do joelho

Posicione os braços à frente com as pernas bem afastadas e realize o movimento de flexão lateral do joelho, alternando os lados. Se ficar muito difícil manter o equilíbrio, use algum apoio, como um cabo de vassoura.

Vantagens

Como os exercícios funcionais não usam máquinas de peso fixo, a base são os movimentos naturais e o peso do próprio corpo.

O programa de exercícios funcionais traz vários benefícios ao corpo e à mente.

- Desenvolvimento da consciência e controle corporal.
- Melhora da postura.
- Melhora do equilíbrio muscular.
- Diminuição da incidência de lesão.
- Melhora do desempenho atlético.
- Estabilidade articular, principalmente da coluna vertebral.
- Aumento da eficiência dos movimentos.
- Melhora do equilíbrio estático e dinâmico.
- Melhora da força e da coordenação motora.
- Melhora da resistência cardiovascular e muscular.
- Melhora da lateralidade corporal.
- Melhora da flexibilidade e propriocepção.

Acessórios

Os exercícios funcionais para emagrecer podem ser feitos em qualquer lugar, mas é fundamental que você saiba que pode utilizar diversas ferramentas e acessórios para executá-los. Os listados aqui são usados para intensificar e dificultar o treino:

- **halteres;**
- ***step;***
- **elásticos;**
- **cordas;**
- **cones;**
- **bolas;**
- **anilhas;**
- **barras;**
- **fita suspensa;**
- **mini band.**

Séries

As séries feitas nos circuitos são bastante intensas, até porque alguns movimentos não exigem carga. De acordo com a dificuldade, elas podem ser suprimidas do planejamento antes da realização do último circuito dentro de um treino intenso.

Você pode contar com cinco exercícios de início, mas não necessariamente vai realizar todos na última sequência.

Estes são alguns exercícios que podem ser acrescentados à sua rotina:

Exercício 1: Flexão de braço

- Deite-se no chão;
- alinhe os braços ao lado do corpo;
- deixe as mãos no chão na altura dos ombros;
- mantenha os braços levemente flexionados;
- utilize os dedos dos pés como ponto de apoio para os membros inferiores;
- empurre o corpo contra o chão;
- diminua a distância entre o corpo e o chão, e depois retorne à posição inicial;
- repita esse movimento em 5 séries de 12 repetições.

Flexão de braço

Flexão de braço

Exercício 2: Agachamento

Você pode usar um cabo de vassoura como apoio à frente do corpo.

- Afaste os pés na altura do quadril;
- flexione levemente as pernas;
- estique os braços para frente e segure na ponta do cabo de vassoura;
- agache levemente para que não haja impacto em sua coluna;
- levante-se e retorne à posição inicial;
- atente para a postura.

Você pode realizar esse movimento em 4 séries de 15 repetições. Os halteres podem ser usados neste exercício funcional.

Agachamento

Desafio de 30 dias de agachamento

Dia	Repetições	Dia	Repetições	Dia	Repetições
1	20	11	60	21	95
2	25	12	65	22	100
3	30	13	70	23	105
4	35	14	75	24	110
5	Descanso	15	Descanso	25	Descanso
6	40	16	75	26	115
7	45	17	80	27	120
8	50	18	85	28	125
9	55	19	90	29	130
10	Descanso	20	Descanso	30	135

Exercício 3: Prancha

- **Deite-se de bruços;**
- **apoie os cotovelos no chão;**
- **use os dedos dos pés como ponto de apoio para os membros inferiores;**
- **eleve um pouco a região pélvica;**
- **mantenha-se nessa posição de 20 a 60 segundos.**

Repita esse movimento 3 vezes.

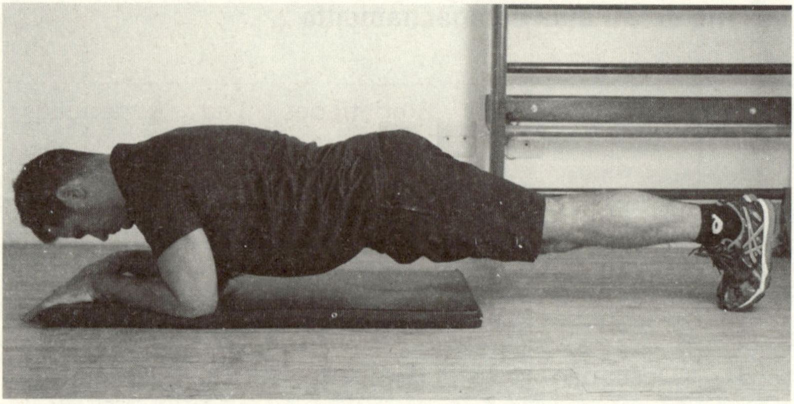

Prancha

Exercício 4: Abdominal

Você pode usar halteres e anilhas para aumentar a dificuldade dos movimentos e, assim, favorecer o processo de tonificação do corpo.

- **Deite-se de barriga para cima;**
- **apoie os pés no chão e flexione as pernas para formar um ângulo de 60°;**
- **leve as mãos à nuca ou até a altura das orelhas;**
- **eleve o tronco e leve a cabeça na direção dos joelhos;**
- **mantenha o abdômen contraído;**
- **retorne à posição inicial de forma a encostar a cabeça no solo.**

Repita o movimento em 5 séries de 20 repetições.

Abdominal

Exercício 5: Pular corda

- Pegue a corda pelas extremidades ou no local reservado para as mãos;
- alinhe os pés na altura do quadril;
- passe a corda por trás do corpo e gire-a para iniciar os saltos.

Os saltos podem ser alternados e variados (para frente e para trás, para os lados, enfim, é uma maneira de dificultar um pouco caso o pulo comum fique fácil demais). Inicie a prática com 4 séries de 15 saltos.

Treine funcionalmente em casa ou em qualquer lugar

NÍVEL 1	
SEGUNDA-FEIRA	1 volta no quarteirão, caminhando ou correndo, 50 abdominais, 5 flexões e 30 agachamentos
TERÇA-FEIRA	2 voltas no quarteirão, caminhando ou correndo, 60 abdominais, 10 flexões e 40 agachamentos
QUARTA-FEIRA	descanso
QUINTA-FEIRA	3 voltas no quarteirão, caminhando ou correndo, 70 abdominais, 15 flexões e 50 agachamentos
SEXTA-FEIRA	4 voltas no quarteirão, caminhando ou correndo, 80 abdominais, 20 flexões e 60 agachamentos

NÍVEL 2	
SEGUNDA-FEIRA	5 voltas no quarteirão, caminhando ou correndo, 90 abdominais, 25 flexões e 70 agachamentos
TERÇA-FEIRA	6 voltas no quarteirão, caminhando ou correndo, 100 abdominais, 30 flexões, 80 agachamentos
QUARTA-FEIRA	descanso
QUINTA-FEIRA	7 voltas no quarteirão, caminhando ou correndo, 110 abdominais, 35 flexões, 90 agachamentos
SEXTA-FEIRA	8 voltas no quarteirão, caminhando ou correndo, 120 abdominais, 40 flexões, 100 agachamentos

Fitas para ganhar força

Esse tipo de treinamento já foi muito usado para auxiliar na progressão do condicionamento físico de militares americanos em combate, embora eles não tivessem um local adequado para praticá-lo.

O treino exige, inicialmente, apenas fitas de suspensão. Elas são fundamentais para a realização dos movimentos e podem ser facilmente transportadas para você praticar os exercícios onde quiser. São resistentes e seguras, e você realiza os movimentos sem ter de se preocupar com falhas nos apoios.

A ideia central é utilizar a gravidade a favor de seus próprios limites e testar movimentos desafiadores que estimulem a resistência do corpo e exijam força dos membros.

O treinamento suspenso é um tipo de treino funcional e tem vários benefícios:

- **Exercita todos os músculos do corpo ao mesmo tempo;**
- **desenvolve força, porque provoca a contração constante dos músculos;**
- **traz equilíbrio, flexibilidade e coordenação, pois aumenta a estabilidade das articulações;**
- **melhora a postura, já que trabalha o core (conjunto de músculos responsável pelo equilíbrio e pela adequação postural do tronco em qualquer movimento);**
- **ajuda a emagrecer, pois aumenta o metabolismo.**

Vamos ver alguns exercícios para você fazer com as fitas de suspensão:

Exercício 1 – Remada

1. Posicione o corpo de frente para as fitas e incline-se para trás com os braços estendidos. Mantenha as costas retas. O apoio dos pés varia conforme a inclinação do corpo, podendo ficar apenas apoiado nos calcanhares.

2. Puxe o peso do corpo para frente, apertando bem as omoplatas. Não mexa as pernas. Ande para frente, pois quanto maior a inclinação do corpo, maior a dificuldade do exercício.

Remada

Remada

Exercício 2 – Agachamento

Use as fitas de suspensão para executar o agachamento de forma adequada.

1. Agarre as fitas.
2. Jogue o quadril para baixo como se fosse sentar numa cadeira.
3. Suba até ficar com as pernas quase estendidas.

Agachamento

Agachamento lateral

Exercício 3 – Flexão

1. Deitado de bruços, agarre as pegas e estenda as pernas, apoiando-se nas pontas dos pés. Quanto mais juntas estiverem as pernas, mais difícil se torna o exercício. Mantenha o corpo reto e o abdômen contraído.
2. Desça o tronco até ao chão e suba os braços, que devem ficar estendidos.

A flexão pode ser feita também com outra técnica:

1. Apoie os pés nas pegas e as mãos no chão, que podem estar afastadas na largura dos ombros.
2. Dobre os braços, desça o tronco e toque com o peito no chão.
3. Estenda os braços e empurre o peso do corpo para cima.

Flexão

Flexão

Exercício 4 – Abdominal com flexão das pernas

Para fazer este exercício você deve estar em flexão, como descrito no exercício anterior.

1. Encolha os joelhos em direção ao peito e suba o quadril, mantendo os músculos abdominais contraídos.
2. Estenda completamente as pernas e fique em posição de flexão.

Abdominal com flexão das pernas

O princípio básico do treino com fita suspensa (exercício de resistência do corpo inteiro) é muito simples: pendure as fitas, segure as alças e trabalhe o corpo contra a gravidade, para realizar uma série de exercícios. Até mesmo em casa, com a ajuda de um suporte seguro – e isso é absolutamente fundamental –, é possível trabalhar os músculos posteriores das coxas, glúteos, quadríceps, grandes dorsais, bíceps, tríceps, peitorais e deltoide anterior.

A instabilidade causada pelo sistema de suspensão dificulta a execução dos exercícios, o que proporciona um estímulo diferente dos equipamentos de musculação tradicionais.

Esse sistema é indicado para pessoas que só podem treinar alguns dias por semana e não têm muito espaço em casa para guardar equipamentos, como barras e halteres.

Para bons resultados, faça três séries de 10 a 15 repetições dos seguintes exercícios:

- **Rosca isquiotibial**: deitado de costas sobre um colchonete, coloque os calcanhares nas alças da fita suspensa, eleve o quadril e puxe os calcanhares na direção dos glúteos.

- **Agachamento unilateral**: em pé, segure as alças com as mãos, estenda uma das pernas à frente e faça um agachamento com a perna que está no chão.

- **Afundo**: fique de costas para a fita suspensa, prenda o peito do pé nas duas alças e flexione o joelho da perna que está no chão.

- **Remada fechada**: segure as alças com o corpo inclinado para trás e puxe até os cotovelos ficarem ao lado das costelas.

- **Flexão de braços**: segure as alças à frente do corpo. Fique na ponta dos pés. Em seguida, flexione os cotovelos, leve o peitoral em direção ao solo e volte à posição inicial.

- **Rosca**: segure as alças com a palma das mãos para cima e o corpo inclinado para trás. Flexione os cotovelos levando as mãos na direção dos ombros e volte à posição inicial.

- **Tríceps testa**: de costas para as fitas, mantenha o corpo em posição diagonal com os braços estendidos à frente. Com o abdômen levemente contraído, faça o movimento de flexão e extensão do cotovelo, levando as mãos à testa. Observe se o quadril está acompanhando o restante do corpo.

Tríceps testa

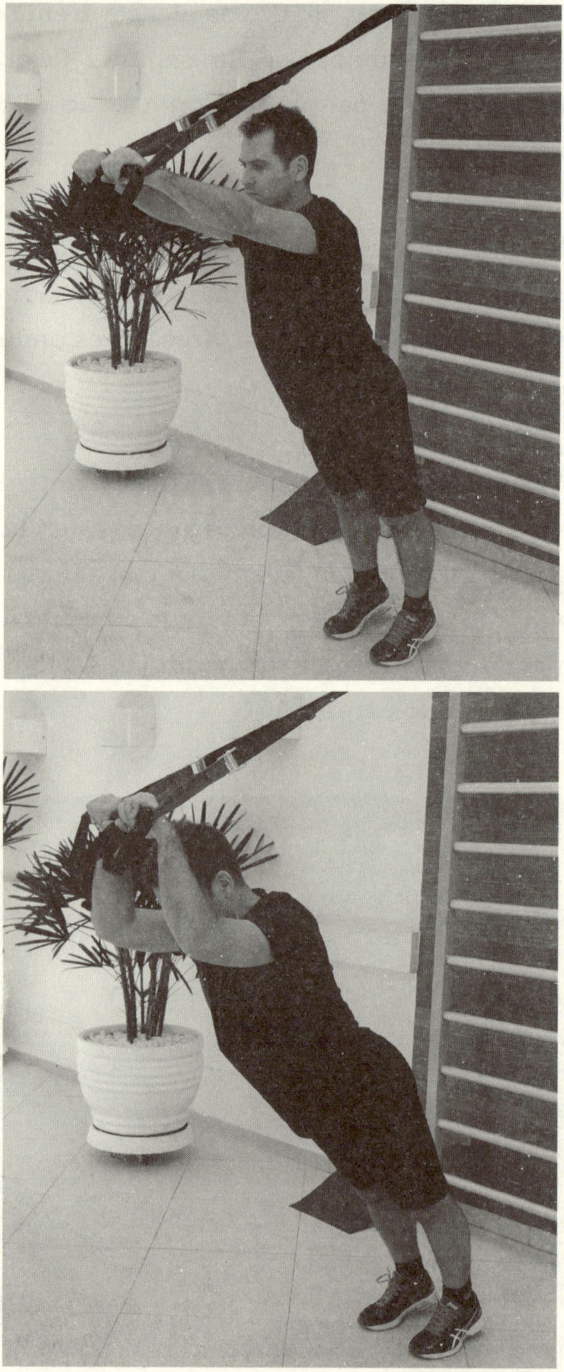

Tríceps testa

TEAMLUI

Perder peso é difícil. Manter o peso é difícil. Estar acima do peso é difícil. Escolha qual é a sua dificuldade. E lute contra ela.

OS MELHORES

CAPÍTULO 7

EXER CÍCIOS PARA EMA GRE CER

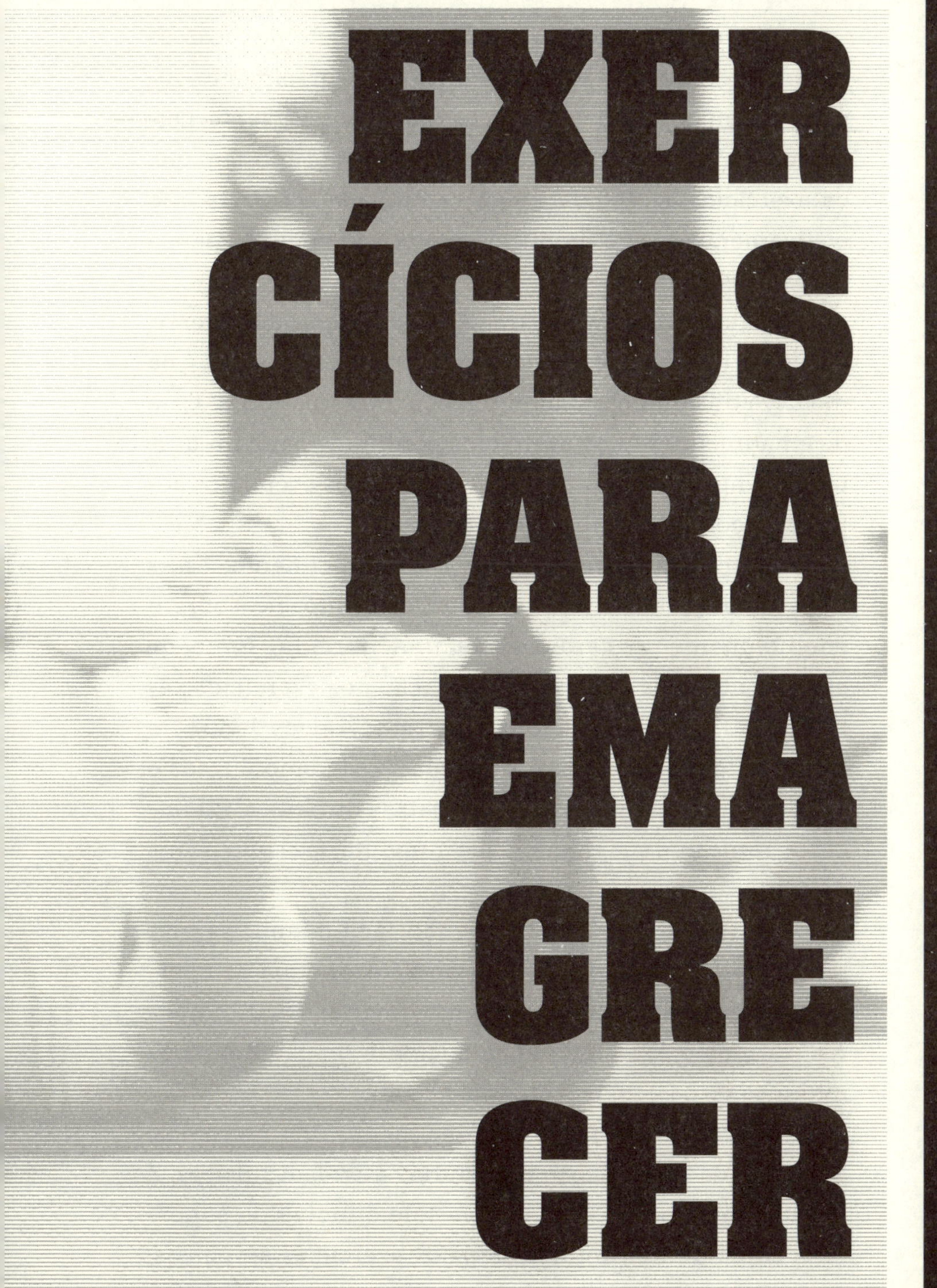

Existem inúmeras incertezas a respeito dos exercícios mais efetivos quando o assunto é emagrecimento. Alguns dizem que o pilates (veja box) é o mais eficiente. Outros dizem que é a musculação. Outros ainda apostam que os exercícios aeróbicos, como caminhada e corrida, são efetivamente os que produzem maior contribuição para a perda de peso.

A literatura tem mostrado os benefícios dos exercícios na prevenção de doenças crônico-degenerativas e na melhora do condicionamento físico, mas quando se trata de emagrecimento os exercícios contínuos ganham destaque, e nesse caso os protagonistas são os exercícios aeróbicos, como caminhada e corrida.

Além de ter efeito sobre o emagrecimento, esses tipos de atividade física têm um forte impacto sobre o condicionamento cardiovascular. A gordura, fonte de energia utilizada durante a realização dos exercícios aeróbicos, armazenada na forma de triglicerídeos dentro do tecido adiposo e das fibras musculares, será mobilizada e oxidada em taxas relativamente baixas durante o exercício. E conforme sua intensidade aumenta, faz subir a taxa de oxidação.

Entretanto, a tarefa não é tão fácil quanto parece, pois acaba esbarrando na questão da economia de energia, principal característica do movimento. Quanto mais realizarmos o exercício, mais eficiente o aparelho locomotor se torna e menos energia gastará.

Descobriu-se que o fortalecimento dos músculos, por meio da musculação e de outras atividades físicas, é fundamental, pois dará condições de o indivíduo suportar a carga de treino imposta pelos exercícios aeróbicos, aumentará a taxa metabólica basal e o gasto energético adicional, que contribuirá significativamente para a perda de peso.

Caminhar ou correr sobre um plano inclinado atenua o impacto conforme a inclinação aumenta. O tempo em que os pés permanecem em contato com o solo aumenta, o que ocasiona maior esforço muscular para propulsionar o corpo para frente. O resultado é maior gasto energético.

Para obesos ou pessoas com sobrepeso, o ideal é introduzir atividades na piscina, com a finalidade de promover alto gasto energético sem gerar danos na parte ortopédica.

MAIS FLEXÍVEL

Entre as diversas maneiras de se movimentar para melhorar a qualidade de vida está o pilates. Considerado um tipo de treinamento funcional, tem se destacado por ser um método de treinamento moderno, apesar de ter sido desenvolvido durante a Primeira Guerra Mundial por Joseph Pilates, que usou as molas das camas do campo de concentração como resistência a fim de reabilitar e melhorar o desempenho dos soldados.

Os exercícios, normalmente dinâmicos, são executados em aparelhos que empregam molas e elásticos como variáveis de intensidade. O objetivo é trabalhar o alongamento, a flexibilidade e a força, além de desenvolver o equilíbrio dinâmico, o alinhamento postural e a estabilização da coluna. Assim, a dor lombar pode ser diminuída fortalecendo os músculos abdominais e paravertebrais.

O pilates é visto como uma atividade segura, de baixo impacto e de baixa intensidade. Porém, seus exercícios exigem precisão na hora de executá-los, por isso devem ser realizados sempre com o acompanhamento de um profissional especializado.

Treino intervalado de alta intensidade: o melhor para emagrecer

O treino HIIT (sigla em inglês para High Intensity Interval Training, ou treinamento intervalado de alta intensidade) é uma estratégia utilizada para melhorar a saúde e a aptidão cardiovascular e ainda reduzir a gordura corporal. O método envolve repetidamente a realização de um exercício por um curto período em alta intensidade.

Segundo o American College of Sports Medicine, a modalidade é recomendada para quem tem pouco tempo e quer emagrecer, para a definição muscular ou para o condicionamento físico.

A maior vantagem desse tipo de treino é aumentar o efeito EPOC (sigla de Excess Post-exercise Oxygen Consumption), ou excesso de consumo de oxigênio pós-exercício. Quando você treina para valer, o corpo demora várias horas para voltar ao estado normal. Durante esse tempo, o metabolismo continua acelerado e, com isso, mais calorias são gastas. Ocorre também melhoria da capacidade cardiovascular, porque há um aumento da absorção de oxigênio de forma mais rápida do que acontece com os exercícios aeróbicos de baixa intensidade.

Quem é iniciante, está em nível intermediário ou já é um praticante avançado pode se beneficiar do HIIT, já que cada um segue o seu ritmo. O importante é manter-se em constante movimento, sem parar para descansar. O treino consiste em realizar um exercício com intensidade máxima durante um curto tempo (1 a 2 minutos), intercalando o mesmo exercício ou outro com intensidade baixa (por 2 a 3 minutos, espécie de descanso ativo), o que possibilita que o corpo elimine o ácido láctico do sangue e permita que o indivíduo tenha tempo suficiente para se recuperar e realizar outro intervalo de alta intensidade.

Mas fica um alerta: como o HIIT exige um pouco mais do corpo, não deve ser praticado todos os dias – no máximo 3 vezes por semana – porque pode influenciar negativamente o ganho de massa muscular e ainda resultar em *overtraining*.

HIIT

- **Aquecimento durante 5 minutos (pode ser um alongamento, como já explicado aqui, um trote ou pequenos saltos).**
- **30 segundos de corrida em velocidade alta, seguido de 1 a 5 minutos de caminhada.**

- Repita a rodada até completar 20 minutos.
- Alongamento por 5 minutos para relaxar.

A perda de peso de fato será bem-sucedida por meio do balanço energético negativo. Em outras palavras: quando a quantidade de energia ingerida for inferior à de energia gasta pelo metabolismo basal.

TEAMLUI

Vai por mim: sempre haverá outra chance, outro emprego, outra amizade, outro amor, mas nunca outra vida! Então não desperdice o seu tempo!

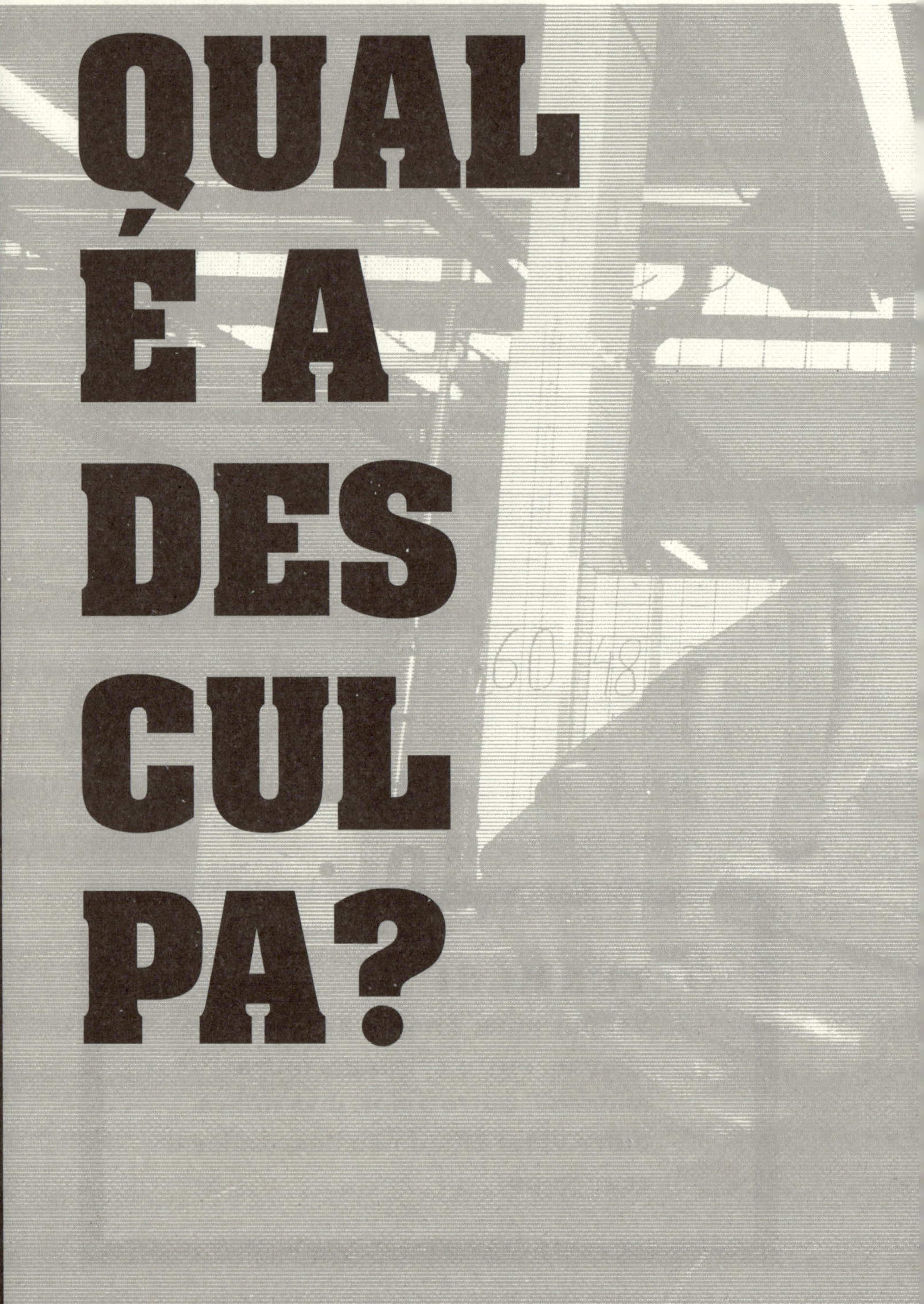

QUAL É A DESCULPA?

CAPÍTULO 8

Ter muita disciplina no início dos treinamentos é o caminho para continuar malhando e não desistir. O exercício precisa entrar na rotina diária, sem virar obrigação. Por isso, se você começou a fazer alguma aula ou algum esporte e não está gostando, parta para algo mais prazeroso.

Na fase de adaptação, mais importante que perder peso ou ficar forte é sentir-se bem. As chances de manter o ritmo ficam maiores se você não exagerar na dose logo de cara. Portanto, primeiro faça uma avaliação e passe por uma orientação física, para só depois começar a se exercitar três vezes por semana. Mais que isso é pedir para perder o pique.

Mas de nada adianta ser turista de academia. Faltar à aula de natação, desmarcar o personal trainer ou desistir da corrida no parque por qualquer motivo é abrir a porta para o desânimo.

Qual destas desculpas você tem dado com mais frequência?

- **Não tenho tempo**: velha conhecida dos fujões das academias, essa justificativa não tem mais crédito entre os treinadores. Lembre-se de que a saúde do corpo e da mente deve ser prioridade número um. Portanto, tente reservar um horário durante o dia, ainda que curto, para a atividade física.

- **Hoje está frio**: as grifes já criaram uma infinidade de agasalhos para praticar esportes. E não há frio que resista a meia hora de malhação. A chuva só é uma desculpa aceitável para quem se exercita ao ar livre ou faz natação em piscina descoberta.

- **Estou com cólica:** a atividade física regular diminui a intensidade das dores durante a menstruação. Algumas mulheres se sentem até mesmo aliviadas ao término do treino. Os exercícios liberam endorfinas, que abrandam o mal-estar.

- **Não percebo mudanças no espelho**: ninguém fica esbelto e malhado num passe de mágica. O organismo precisa de pelo menos 12 semanas para reagir. Depois disso o condicionamento físico melhora, e a pessoa se sente mais forte e flexível. O corpo tão sonhado só vem com o tempo.

Qual sua desculpa?

> **# TEAMLUI**
> **O sucesso começa quando a zona de conforto termina!**

CAPÍTULO 9

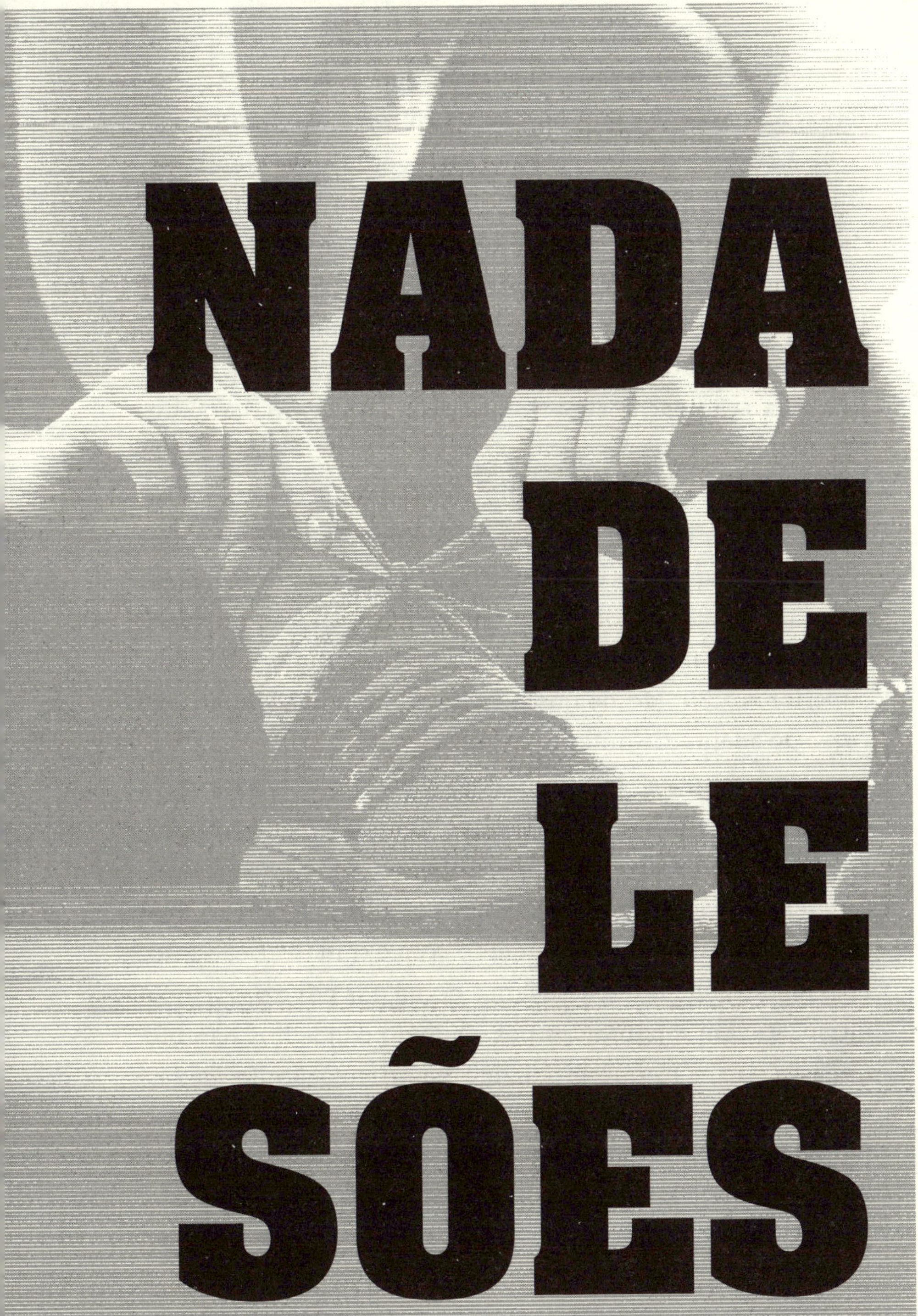

NADA DE LESÕES

De acordo com o senso comum, alguns exercícios são condenados, outros são considerados bons. Porém, esse critério não passa de mito, sem nenhum respaldo científico.

Existem muitos paradigmas acerca dos exercícios. Um claro exemplo é a execução do agachamento. Há quem diga que o joelho não pode ultrapassar os 90° de flexão, sugerindo que o praticante estará seguro até essa posição. De acordo com uma publicação de 1998, o pico da força de compressão patelofemoral – o momento em que há maior carga na articulação superior do joelho – ocorre perto dos 80° de flexão.

Isso significa que os treinadores que recomendam os 90°, com o intuito de proteger seus alunos, podem induzi-los a um desgaste da cartilagem articular da superfície posterior da patela, denominada condromalácia. Não que seja errônea a estratégia de executar o agachamento em ângulos superiores a 80°, desde que o indivíduo passe por um processo de adaptação anterior.

Outra "regra" muito empregada durante a execução do agachamento é que os joelhos não podem ultrapassar a linha da ponta dos pés. Um estudo de 2013 mensurou os torques aplicados sobre o joelho, o quadril e a coluna durante a execução do agachamento com e sem restrição, isto é, os joelhos não ultrapassavam a ponta dos pés e os joelhos ultrapassavam a ponta dos pés. Quando os joelhos não ultrapassavam, o torque produzido na articulação do joelho era menor; entretanto, houve um aumento substancial do torque gerado no quadril e na coluna, resultado do aumento do braço de alavanca para essas articulações.

Ao tentar preservar a articulação do joelho com o uso dessa técnica, aumenta-se o risco de lesão na coluna.

Outro exemplo é a cadeira extensora ou exercício de cadeia cinética aberta (CCA). Considerada por alguns profissionais da área da saúde como exercício seguro, que não gera sobrecarga, já que é executado na posição sentada, tem suas especificidades e é alvo de alguns mitos repetidos nas academias.

Em 1998, mensurou-se o estresse gerado sobre o ligamento cruzado anterior (LCA), estrutura que realiza a estabilização passiva da articulação do joelho, impedindo a anteriorização da tíbia, durante a execução dos exercícios de cadeia cinética fechada (CCF), agachamento e *leg press*, em contraponto ao exercício de cadeia cinética aberta (CCA). O estresse aplicado ao LCA no agachamento e no *leg press* foi próximo a zero, enquanto na cadeira extensora foi de 0,2 peso corporal.

Caso o objetivo do treinamento seja redução do estresse no LCA, o agachamento e o *leg press* são mais adequados, como em casos pós-cirúrgicos de LCA. Mas se o objetivo for impor carga ao LCA para aumentar a resistência mecânica do ligamento, o recomendado é a cadeira extensora.

Conclui-se, então, que o exercício é adequado ou inadequado, perigoso ou seguro de acordo com a especificidade de cada um e também de seu objetivo. Por isso é tão importante a presença de um profissional capacitado para determinar cada uma das suas atividades.

Todo exercício gera sobrecarga e toda estrutura biológica tem um limite de tolerância. Se a magnitude da força aplicada pelo exercício exceder o limite de tolerância da estrutura ocasionará lesão. Portanto, não existe exercício que não gera sobrecarga. Todo exercício apresenta seus pontos fortes e seus pontos fracos, a questão de maior importância é a pessoa responsável pela gerência da carga.

Não é por acaso que o grupo que apresenta menor aderência à atividade física seja composto por obesos. Os idosos, maiores adeptos da caminhada juntamente com os obesos, sofrem modificações devido às mudanças do esqueleto geradas pelo envelhecimento (osteopenia, por exemplo), mau uso do corpo (por causa do excesso de carga) e desuso (como sedentarismo). Em virtude dessas mudanças, apresentam aumento do duplo apoio (momento em que os dois pés estão em contato com o solo) em consequência das perdas de força e da localização espacial do corpo. Eles têm, portanto, probabilidade maior de cair.

Outra modificação diz respeito à redução da deflexão (momento em que ocorre a colisão do calcanhar com o solo para acumular energia elástica e tornar a caminhada menos custosa) provocada pela perda de flexibilidade. Antes, então, de o idoso usar a caminhada para se locomover, ou melhorar sua condição cardiovascular, necessita realizar um trabalho de força e com moderado nível de instabilidade. Para isso, deve fazer exercícios semelhantes aos gestos do dia a dia, como agachamento, *stiff* etc., além de um trabalho de flexibilidade.

Sempre que sentir dor, diminuição de força, instabilidade ou tensão muscular intensa, procure imediatamente um profissional de saúde para que ele possa avaliar o nível de gravidade da sua lesão, aconselhar e prestar os primeiros cuidados.

Esses cuidados são importantíssimos nas primeiras 48 horas depois de uma lesão (como ruptura de um músculo ou de um ligamento, uma entorse, um traumatismo) e determinantes para uma recuperação mais rápida e eficiente.

Nas primeiras 48 horas, você:

Deve fazer ✔

- Repouso – interromper toda a atividade que provoque aumento da dor ou outros sintomas.
- Gelo – aplicar na região lesionada, durante 15 minutos, de 3 em 3 horas.
- Compressão – comprimir a região lesionada para controlar o edema e o derrame.
- Elevação – elevar a zona lesionada para facilitar a circulação sanguínea de retorno.
- Avaliação/diagnóstico – procurar imediatamente um profissional de saúde qualificado para o tratamento.

Não deve fazer ✖

- Calor – promove a vasodilatação, aumentando o derrame.
- Álcool – não consuma bebidas alcoólicas, porque o álcool é um vasodilatador potente.
- Massagem – aumenta o edema e o derrame, sendo agressiva para os tecidos em cicatrização.

- Atividade física – fazer uma solicitação muito rápida das estruturas pode agravar a situação.

Tomar ou aplicar

- Analgésicos e anti-inflamatórios – usar medicamentos para alívio da dor e da inflamação, tanto na região afetada como por via oral, requer aconselhamento médico ou farmacêutico.

Voltar à atividade física

- Para retomar a prática de atividade de forma segura, não basta estar completamente recuperado da lesão. É essencial readquirir força, flexibilidade, mobilidade, equilíbrio, coordenação e segurança emocional e principalmente em caso de uma lesão mais séria, ter a liberação do médico.

TEAMLUI

O tempo deixa perguntas, mostra respostas, esclarece dúvidas, mas acima de tudo traz a verdade.

MITOS

VERDADES

CAPÍTULO 10

• Agachamento e *stiff* são proibidos?

Os exercícios mais utilizados para trabalhar o glúteo são o *stiff* e o agachamento. São eles que promovem o maior recrutamento desse músculo, mas quem os prescreve, na maioria das vezes, não tem conhecimento específico da sobrecarga imposta e de quais estruturas são acometidas durante a atividade. Também não pondera o nível de condicionamento do aluno que executará os movimentos.

O *stiff* e o agachamento geram uma das maiores forças de compressão discal que existe no movimento humano, atingindo valores da ordem de cinco vezes o peso corporal para o *stiff* e 3,5 para o agachamento.

Cronicamente, quem realizar esses exercícios sem antes ter passado por um processo de adaptação – progressão de carga lenta –, seguramente desenvolverá uma hérnia de disco antes do fortalecimento do glúteo.

Esses dois exercícios devem ser prescritos para praticantes avançados que tenham capacidade física para realizá-los de maneira correta.

• O alongamento pode ser o aquecimento para o treino?

O aquecimento tem como papel fundamental aumentar a temperatura do corpo, o metabolismo energético, a velocidade da condução dos impulsos nervosos, além de reduzir a rigidez dos tecidos e aumentar a capacidade de absorção da cartilagem.

O alongamento tem como objetivo aumentar o comprimento das estruturas constituídas de tecidos moles, promovendo maior flexibilidade.

Portanto, além do alongamento, você deve usar as primeiras repetições como aquecimento do seu treino ou, então, os primeiros minutos para atividades fora da academia. A atividade deve ser executada com menor intensidade. Isso, sim, pode ser considerado um aquecimento satisfatório.

- **Existem exercícios que deveriam trabalhar determinado grupo muscular, mas, na prática, não trabalham?**

É extremamente comum isso acontecer. É o caso da inclinação lateral do tronco, que usualmente é realizada com a finalidade de trabalhar os músculos oblíquos, que formam a cinta lateral do tronco, em alta intensidade. Porém, ao analisarmos quem de fato fez o serviço, veremos que o agônico (principal responsável pela realização da tarefa) do movimento é o quadrado lombar.

Portanto, evite fazer exercícios por conta própria e procure sempre um treinador pessoal. Em algumas ocasiões semelhantes a essa você poderá levar gato por lebre, como diz o ditado.

- **É verdade que o meio agachamento trabalha o quadríceps e o agachamento completo, o glúteo?**

O senso comum diz que sim. Porém, um estudo de 2008 avisa que a solicitação neuromuscular durante o meio agachamento é da ordem de 50% para o quadríceps e o glúteo máximo. Já quando forem realizados em maiores ângulos, ou seja, o agachamento completo, o trabalho do quadríceps passa de 50% para 87% e o glúteo máximo, de 50% para 75%. Portanto, a amplitude não aumenta apenas a atividade do glúteo máximo, mas também do quadríceps.

- **Para que o exercício tenha efeito, é fundamental sentir dor?**

A dor muscular causada pela prática de atividade física se manifesta 24 horas após o exercício, alcançando o máximo de intensidade em até 72 horas. Ela é desencadeada por uma resposta inflamatória, em consequência aos danos causados no componente contrátil e elástico do grupamento muscular exercitado, principalmente em fortes contrações excêntricas.

A dor também é um indicador de lesão, em que a sobrecarga imposta pelo exercício excedeu o limite de tolerância da estrutura biológica.

Não há dados na literatura que correlacionam a dor com o aumento de massa muscular.

Portanto, sentir dor em até 72 horas é normal. Se ela persistir, pode ser indício de uma lesão.

- **Exercícios abdominais fazem perder a barriga?**

Não. A perda de gordura ocorre de maneira global, não sendo possível mobilizar a gordura acumulada em uma determinada região.

Existem estratégias mais eficazes que promovem gastos energéticos superiores se forem comparados com os exercícios abdominais. Eles fortalecem os músculos da região, mas se você não perder a gordura ali acumulada, eles simplesmente ficarão escondidos atrás da famosa "barriga".

- **Atividades que provocam maior quantidade de suor são mais eficazes para emagrecer?**

Não. A perda hídrica pela sudorese induzida a partir da atividade física tem como objetivo neutralizar o ganho de calor do organismo, que mostra bom funcionamento em temperatura aproximada a 36 °C.

O suor não é responsável pela perda de gordura, mas sim pela eliminação de água e sais minerais, que afeta o desempenho físico. Representa um risco para a saúde, um prejuízo que deve ser debelado rapidamente pela hidratação.

- **A hidroginástica é uma atividade inútil?**

Definitivamente, não. A hidroginástica melhora as aptidões físicas (força, flexibilidade e resistência). O declínio delas expõe o indivíduo ao risco, já que limitam sua capacidade de realizar as atividades diárias.

A hidroginástica promove melhora cardiovascular, mas não estímulo mecânico suficiente para fomentar a gênese óssea, por aliviar a força externa (impacto), fundamental para pessoas que estão sob uma gerência de carga alta, como os obesos, e precisam cumprir um tempo longo de programa físico semanal.

Esse tipo de atividade possibilita tempo de intervalo de recuperação, o que evita o risco de lesões.

- **É possível substituir o treinamento tradicional pela plataforma vibratória?**

A maioria das plataformas vibratórias disponíveis no mercado tem frequência de vibração mais baixa que a natural do movimento humano. Então, o treinamento com vibração não provoca aumento da massa muscular, tampouco gênese óssea.

Os dados disponíveis na literatura não comprovam a eficiência das plataformas, mas se estivermos falando de idosos, a marcha, o equilíbrio e a agilidade podem ser melhorados com o uso desse tipo de equipamento.

- **Quanto mais a pessoa treina, mais ganhos obtém?**

Não necessariamente. O descanso é tão importante quanto o treinamento. Se você fizer treino atrás de treino, sem nenhum planejamento, irá sobrecarregar os músculos, que não crescerão. Ao treinar, você rompe as fibras musculares e, a partir de uma alimentação adequada e do descanso, essas fibras são reestabelecidas, ocasionando assim a hipertrofia e o aumento de volume. Por isso, o descanso entre os treinamentos é fundamental.

- **Os pés posicionados na parte alta da plataforma do *leg press* trabalham os isquiotibiais e a parte baixa o quadríceps?**

É comum nos depararmos com indivíduos utilizando o *leg press* de modo distinto com o intuito de trabalhar músculos diferentes: em um dia da semana posicionam os pés no topo da plataforma para trabalhar os isquiotibiais, e em outro dia colocam os pés na parte baixa para trabalhar o quadríceps. Um estudo comparou a intensidade da contração muscular entre as duas posições e não encontrou diferença no trabalho dos músculos quadríceps e isquiotibiais, pois a alteração no posicionamento dos pés não gerou nenhum efeito sobre os braços de alavanca.

O *leg press* é um exercício que trabalha fundamentalmente o quadríceps em intensidade alta. Os isquiotibiais são acionados em baixa intensidade. Apesar disso, garante proteção e estabilidade ao joelho.

Independentemente do posicionamento dos pés em relação à plataforma, o *leg press* não promove trabalho satisfatório dos isquiotibiais a ponto de gerar adaptações biopositivas, principalmente em quem já é treinado.

- **É possível trabalhar a cada dia um músculo da parede abdominal?**

A parede abdominal é composta superficialmente pelos músculos reto abdominal e oblíquo externo e profundamente pelo oblíquo interno e transverso.

Os oblíquos são rotadores da coluna quando acionados unilateralmente, e ambos os músculos são responsáveis pela flexão e estabilização da coluna, isto é, quando um músculo recebe um estímulo elétrico, é acionado por inteiro e os músculos auxiliares também são.

Ao treinar qualquer que seja o grupo muscular diariamente, você não garante tempo de intervalo para recuperação. Então, o objetivo não será alcançado e ainda provocará danos em um material sem cura.

- **Os exercícios executados em pé requerem que o quadril esteja encaixado?**

No passado recomendava-se encaixar o quadril com o intuito de obter maior estabilidade durante a realização dos exercícios em pé. Entretanto, a retroversão, posição na qual a pelve é deslocada para trás e feita durante o encaixe do quadril, retifica a coluna lombar, reduzindo sua capacidade de suportar sobrecarga.

A ligeira flexão do joelho, seguida da flexão do quadril, atenua a capacidade de o iliopsoas tracionar a coluna, reduzindo as forças de compressão discal e mantendo a curvatura lombar.

- **As mulheres que praticam musculação ficam masculinizadas?**

Os homens produzem cerca de vinte vezes mais testosterona que a mulher, hormônio que confere características como comportamento e desempenho sexual, além das respostas secundárias a exemplo do aumento da massa muscular e de crescimento de pelos no corpo. As mulheres que adquirem características masculinas não atingem essa condição pela prática sistemática da musculação, mas sim pelo uso de esteroides anabolizantes (testosterona sintética), salvo aquelas favorecidas por um exímio potencial genético.

As mulheres precisam treinar na mesma frequência e intensidade que os homens para atingir uma musculatura mais sólida.

- **Baixas repetições aumentam os músculos. Número elevado define a musculatura?**

Descobriu-se que o treinamento com repetições entre 8 e 12 são mais indicados para promover aumento da massa muscular, ao passo que as repetições acima de 12 são utilizadas para aprimorar a resistência muscular (capacidade de prolongar um esforço). O que irá, de fato, modificar a composição corporal, proporcionar melhor resposta, seja ela para o emagrecimento ou para o aumento da massa muscular, é a intensidade na qual o exercício será executado e, fundamentalmente, a quantidade de calorias ingeridas. Ambos os estímulos contribuem para o aumento da massa muscular e para a redução da gordura corporal se acompanhados de uma intervenção nutricional.

- **Quanto maior a duração da sessão de treinamento, maior serão os resultados obtidos?**

Algumas celebridades dizem que para obter aquela exuberante aparência é fundamental passar horas e horas dentro da academia, mas isso não é verdade. Os resultados na literatura têm mostrado que treinamentos de curta duração e alta intensidade, tanto para quem pretende melhorar a estética corporal, quanto para quem almeja qualidade de vida, são mais eficazes que treinamentos de longa duração em razão da janela fisiológica que dura, em média, 40 minutos.

- **A musculação compromete a flexibilidade?**

Não existem dados sólidos que correlacionam a prática da musculação com perda de flexibilidade. Todavia, o aumento da massa muscular ou o excesso de gordura acumulada podem sim impedir a total mobilidade apresentada por uma articulação. Contraditoriamente, ao executarmos os exercícios utilizando uma sobrecarga, explorando todo o arco de movimento, respeitando as características anatômicas da articulação, estaremos contribuindo para o aumento e/ou manutenção da flexibilidade. Já o sedentarismo pode agravar a perde de flexibilidade, devido a falta de estímulo, gerando retração do componente contrátil do músculo.

- **Exercícios aeróbicos realizados após um treino de musculação queimam os músculos?**

A combinação dessas atividades seria capaz apenas de gerar um ambiente catabólico, caso ocorresse por longo período em uma única sessão. Entretanto, o desempenho da atividade subsequente será comprometido, gerando um estado precoce de fadiga, razão pela qual no dia em que os músculos dos membros inferiores forem exercitados, não deverão ser realizados exercícios aeróbicos. Principalmente aqueles de impacto, devido ao declínio da capacidade de os músculos controlarem as cargas mecânicas. Haverá um aumento do impacto, que acometerá ossos e cartilagens.

- **O treinamento em base instável potencializa o recrutamento muscular?**

O treinamento realizado em base instável, derivado do treinamento funcional, é uma excelente estratégia para desenvolver equilíbrio e postura. A literatura especializada aponta que os músculos sensibilizados por esse treinamento são aqueles que exibem função estabilizadora. Por outro lado, o trabalho do músculo principal pode ser comprometido por conta da instabilidade.

- **O Pilates representa a melhor estratégia para reabilitar quem apresenta dor na coluna?**

Alguns profissionais da área da saúde recomendam unicamente o Pilates para quem sofre de dor lombar. Mas existem exercícios, como agachamento e *stiff*, realizados na musculação, no treinamento funcional, no *cross fit*, que se mostram mais eficientes que aqueles considerados específicos de reabilitação.

Pode-se considerar o Pilates como uma ferramenta para reabilitar quem apresenta dor na coluna, mas não se pode dizer que ele é o único método. É importante avaliar cada caso e somente depois disso é possível determinar o exercício mais eficaz.

TEAMLUI

Não existe crescimento sem dor do aprendizado.

BIBLIOGRAFIA

Anderson, K.;Behm, D.G. Trunk muscle activity increases with unstable squat movements. *Can. J. Appl. Physiol.* 2005; 30(1): 33-45.

Aoki, M.S. *Fisiologia, treinamento e nutrição aplicados ao futebol.* Ed Física, Esporte, Saúde, 2002.

Barnett, C., Vaughan K., Peter T. Effects of Variations of the Bench Press Exercise on the EMG Activity of Five Shoulder Muscles. *The Journal of Strength & Conditioning Research* 1995; 9(4): 222-227.

Barone, S. Nível de ativação eletromiográfico no agachamento em diferentes ângulos de execução. [Dissertação de mestrado]. São Paulo: EFEEUSP; 2008.

Batista, M.A.B.; Wallerstein, L.F.; Dias, R.M.; Silva, R.G.; Ugrinowitsch, C.; Tricoli, V. Efeitos do Treinamento com Plataformas Vibratórias *R. bras. Ci e Mov.* 2007; 15(3): 103-113.

Behm D.G., Anderson K., Curnew R.S. Muscle force and activation under stable and unstable conditions. *J Strength Cond Res* 2002; 16:416-22.

Bianco, R., et al. The influence of running shoes cumulative usage on the ground reaction forces and plantar pressure responses. *Revista Brasileira de Educação Física e Esporte* 2011; 25(4): 583-591.

Caspersen C.J., Powell K.E., Christensen G.M. Physical activity, exercise, and physical fitness: definitions and distinctions for health-related reserch. *Public Health Rep* 1985; 100:126-31.

Cook, S.D., Mark R. B., Mahlon, P. Running shoes. *Sports Medicine* 1990; 10(1): 1-8.

Costa, B.V; Bottcher, L.B; Kokubun, E. Aderência a um programa de atividade física e fatores associados. Motriz, Rio Claro, 2009; 15(1): 25-36.

Escamilla, R.F., et al. An electromyographic analysis of commercial and common abdominal exercises: implications for rehabilitation and training. *Journal of Orthopaedic & Sports Physical Therapy* 2006; 36(2): 45-57.

Escamilla, R.F., et al. Biomechanics of the knee during closed kinetic chain and open kinetic chain exercises. *Medicine and science in sports and exercise.* 1998; 30(4): 556-569.

Escamilla, R.F., et al. Effects of technique variations on knee biomechanics during the squat and leg press. *Medicine and science in sports and exercise* 2001; 33(9): 1552-1566.

Fischer, G. Efeitos da fadiga na mecânica da corrida humana, 2010.

Fry, A.C., J. Chadwick Smith, and Brian K. Schilling. Effect of knee position on hip and knee torques during the barbell squat. *The Journal of Strength & Conditioning Research* 2003; 17(4): 629-633.

Gottschall, J.S., Rodger, K. Ground reaction forces during downhill and uphill running. *Journal of biomechanics* 2005; 38(3): 445-452.

Gross, M.L., et al. Anterior shoulder instability in weight lifters. *The American journal of sports medicine* 1993; 21(4): 599-603.

Hak, P.T., Emil H., Ben H. The nature and prevalence of injury during CrossFit training. *Journal of strength and conditioning research/National Strength & Conditioning Association*, 2013.

Haskell, W. L., Lee, I-M., Pate, R. R., Powell, K. E., Blair, S. N., Franklin, B. A., Bauman, A. Physical activity and public health: Updated recommendation for adults from the American College of Sports Medicine and the American Heart Association. *Medicine and Science in Sports and Exercise*, 2007; 39(8): 1423-1434.

Lima, V.P.; et al. Estudo eletromiográfico e de percepção do esforço em exercícios de extensão do quadril, 2007.

McBeth, J.M., et al. Hip muscle activity during 3 side-lying hip-strengthening exercises in distance runners. *Journal of athletic training* 2012; 47(1): 15.

McGill S.M., Marshall L.W. Kettlebell swing, snatch and bottoms-up carry: Back and hip muscle activation, motion and low back loads. *Journal of Strength and conditioning Research* 2012; 26: 16-27.

McGill, S.M., Jordan C., Jordan T. A. Analysis of pushing exercises: Muscle activity and spine load while contrasting techniques on stable surfaces with a labile suspension strap training system. *The Journal of Strength & Conditioning Research.* 2014: 28(1): 105-116.

Messier, S.P. Obesity and osteoarthritis: disease genesis and nonpharmacologic weight management. *Medical Clinics of North America* 2009; 93(1): 145-159.

Munro, C.F., Doris I.M., Andrew J.F. Ground reaction forces in running: a reexamination. *Journal of biomechanics* 1987; 20(2): 147-155.

Sacco, I.C.N.; Andrade, M.S.; Souza, P.S.; Nisiyama, M.; Cantuária, A.L.; Maeda, F.Y.I.; Pikel, M. Método Pilates em revista: aspectos biomecânicos de movimentos específicos para reestruturação postural – *Estudos de caso. R. Bras. Ci e Mov*. 2005; 13(4): 65-78.

Schoenfeld, Brad, and Jay Dawes. "High-intensity interval training: Applications for general fitness training." *Strength & Conditioning Journal* 31.6 (2009): 44-46.

Serrão, J.C. *Aspectos biomecânicos da influência do calçado esportivo na locomoção humana*. [tese de doutorado]. São Paulo: EFEEUSP; 1999.

Signorile, J.E.; Attila J.Z.; Steven P.S. A comparative electromyographical investigation of muscle utilization patterns using various hand positions during the lat pull-down. *The Journal of Strength & Conditioning Research* 2002; 16(4): 539-546.

Smith, M.M., et al. Crossfit-based high-intensity power training improves maximal aerobic fitness and body composition. *The Journal of Strength & Conditioning Research*. 2013; 27(11): 3159-3172.

Snarr, R.L., et al. Electromyographic activity of rectus abdominis during a suspension push-up compared to traditional exercises. *Age* 2013: 22-33.

Van G., Bobbie R.N., et al. Incidence and determinants of lower extremity running injuries in long distance runners: a systematic review. *British journal of sports medicine*. 2007.

Vera-Garcia F.J., Grenier S.G., McGill S.M. Abdominal muscle response during curl-ups on both stable and labile surfaces. *Phys Ther* 2000; 80: 564-9.

Wilke, H.J., et al. New in vivo measurements of pressures in the intervertebral disc in daily life. *Spine* 1999; 24(8): 755-762.

Este livro foi composto em Museo Slab e impresso pela Intergraf para
a Editora Planeta do Brasil em novembro de 2015.